北海道宗谷岬スタート。寒かったので厚着した。楽しみが多く不安はなかった。2018年７月９日（撮影：石川桂子）

沖縄：辺野古海上。埋め立て工事とカヌー隊の抗議活動を撮影。右は仲本興真・ヘリ基地反対協事務局長。2019年５月24日（撮影：大城弘明）

那覇市県庁近くのパレット久茂地前広場にゴール！　沖縄と本土の友人が迎えてくれた。2019年６月８日（撮影：大城弘明）

80歳、歩いて日本縦断

石川文洋
Ishikawa Bunyo

新日本出版社

〔今回の「あるき旅」の行程〕

2018年7月9日	北海道・宗谷岬を出発
8月31日	函館着。北海道を縦断
*	
9月16日	函館に戻りフェリーに乗船、青森へ。翌日、青森港を出発
11月25日	東京都・日本橋着。太平洋側を通り東北・関東を縦断
*	
2019年1月7日	日本橋を出発
2月17日	京都府・三条大橋着。東海道を踏破
*	
2月26日	三条大橋を出発
4月13日	山口県・下関着。山陽道を踏破。
*	
4月23日	下関・関門トンネルを出発
5月19日	鹿児島県・鹿児島市着。九州を縦断
5月21日	鹿児島港からフェリーに乗船、翌日、沖縄県・本部に上陸
6月8日	那覇市着

＊＝続く旅の準備、健診ほかのために、旅を一時中断して長野県諏訪市の自宅に帰宅（交通機関を利用）。その後、帰宅前の場所に戻って徒歩の旅をつづけた

はじめに

歩くのが好きです。長野県諏訪市に住んでいますが、仕事が重なったり雨や雪の時以外は、家から駅まで急な坂道の往復約4キロ、ウォーキングをしています。諏訪市に住んで30年近くになり、歩きながら同じ風景を見ていますが、飽きることがありません。歩いている時は自由時間で気持ちが解放されているからだと思います。

中学生の時、住宅団地で約80軒に新聞を配達していました。朝刊と夕刊、雨の日も雪の日も毎日です。でも苦になりませんでした。配達しながら、将来はアメリカやアフリカに行きたい、大好きな映画をただで見ることができる映画評論家になりたい、などと夢を見ていたからです。

ベトナム戦争を撮影している時は、ベトナム兵、米兵の部隊に同行して、彼らが交戦するまで村から村、山岳地帯などを歩き続けました。帰国し新聞社に勤めた後に、フリーカメラマンとなって諏訪市に住むようになり、2002年、リュックを背負って木曽路を3日間歩きました。とても楽しく、長距離を歩く自信もついたので、翌03年、念願の日本縦断を実現させようと思い、成就させました。65歳の時です。この時は日本海側を歩きました。

報道カメラマンとしての原点は、「どんなところだろう」「何が起こっているのだろう」という強い関心を持つことと思っています。ベトナムでは「戦争とは何か」「戦場では何が起こっているのか」を記録しました。ボスニアでは、ヨーロッパの戦争はアジアとどう違うのか、この目で確かめたいと思いました。

またカメラマンには、美しい、珍しい光景を見てシャッターを押す喜びがあります。ピースボート地球一周船の旅では、22ヶ国へ寄りながら感動の連続で撮影しました。03年の日本縦断では、アフガニスタンに1ヶ月滞在した翌年だったので、歩いて見る日本はどうかという関心がありました。ベトナム、カンボジア、ソマリア、ラオスなどの戦争を撮影して、「平和とは普通の生活ができること」と思っています。戦争をしている国では日常的生活ができません。

日本縦断の後は、四国遍路をめざしました。06年、冬の徳島、春の高知、夏の愛媛の徒歩の旅を終えて家に帰った時に心筋梗塞《こうそく》になり、身体障害者証を受けました。その後、リハビリウォーキングをして、翌07年の初夏、香川を回って88ヶ所の巡礼を終えました。

そして今度の「あるき旅」です。前から80歳で体力があれば、もう一度、日本縦断をしたい、今度は太平洋側を歩きたいと思っていました。前と同じように宗谷岬から那覇を目指しました。スタート2ヶ月前に2度の心臓カテーテル手術でステントを2個追加しましたが、不安は全くありませんでした。

06年の心筋梗塞以来、毎日、血液の流れをよくする薬を5錠飲み、2ケ月に1回、病院で定期検査を受けていますが、今回は北海道、東北など区切りのよいところで諏訪に戻り、検査を受けて薬をもらい、また中断地点に戻って出発しました。

結果として、体調が悪い、天候が悪いなどの理由で歩行を休んだ日は1日もなく、疲れがひどくて歩くのを中断し、翌日そこまで戻って歩き始めたという日が、北海道で2度あった程度でした。日を重ねるごとに足取りも軽くなり、那覇にゴールした時はまだ余力がありました。リュックの荷物は、デジタルカメラ予備、資料などを含め10キロ、アウトドアのモンベル社が軽量のリュック、雨具、衣類などを提供してくださいました。

宿は、北海道、東北は古川聰さん、寺本千名夫先生、関東、箱根までは妻、それ以降は大小田直貴さん、沖縄は大城弘明さんがすべて探してくれました。先のことはわかりませんが、85歳、90歳になった時、体力と気力があればどこか歩いてみたいと思っています。

２０２０年12月

石川文洋

目次

※本書は、２０１８年7月3日から２０１９年6月25日まで一般社団法人共同通信社が配信した連載「石川文洋80歳・列島縦断あるき旅」、公評社が刊行する月刊『公評』に２０１８年9月号から２０２０年12月号まで掲載された連載「80歳からの人生・徒歩の旅」を土台に、整理・加筆・修正を行ったものです。

第１章　北海道、自然を歩く

ホタテの稚貝を入れて海に吊るし育てるための籠。2018年８月23日、静狩漁港

7月9日（月）宗谷岬―富磯　8時、民宿「宗谷岬」を出る時、宿の佐々木みどりさんと母親の美代子さんが見送って下さった。２００３年の「徒歩の旅」の時もここに泊まった。その時も2階のベランダから手を振っていた。美代子さんは89歳になっていたがお元気だった。

前回の「徒歩の旅」の時にお会いした古川聰さんの案内で宗谷漁港へ行った。古川さんは元稚内市役所に勤務していた。私が１９６７年に出した『ベトナム最前線』（読売新聞社）を持っていたので嬉しかった。古川さんには今回、北海道の宿の手配などでお世話になった。

宗谷漁港には漁船が停泊していた。船の先にツメのついた八尺と呼ばれる籠がついている。ホタテを採るとのこと。ホタテの養殖には二通りあり、ひもで吊るす、砂地に稚貝をまいて育てる。稚内は砂地方式。八尺で成貝を採るとのこと。

15年前以来の再会

地元のメディアの方に徒歩の旅の抱負を話した後、スタートした。３５００キロの旅の第一歩だった。不安はない。これからどんな光景、どんな人々に出会うのだろうという楽しみの方が大きい。

紫色のハマナスの花が一斉に咲いている。前回の旅も同じ時期だった。北方領土へ行った時、国後島《くなしり》、択捉島《えとろふ》でもハマナスの群落を見た。北方領土と稚内の風土はよく似ている。

私は歩くのが遅い。1時間2キロから3キロで、1日平均15キロぐらい。江戸時代に日本の地図を作った伊能忠敬は1日40キロ移動したという。映画で伊能忠敬を演じた加藤剛さんが亡くなった。加藤さんは私と同じ１９

３８年生まれ。前回の「徒歩の旅」の後、歩く楽しみについて加藤さんとラジオで話し合った。東京のデパートで催した徒歩の旅の写真展を奥さんと一緒に見にきて下さった。加藤さんの冥福を祈った。

富磯で前回に出会った久保田一枝さんを訪ねた。前回、一枝さんは夫と共に浜から昆布を採る船を出そうとしていた。一枝さんは今年84歳になる。樺太《からふと》（サハリン）で生まれ、１９４５年、ソ連による侵攻後、ほかの日本人と共に北海道へ移住した。私もサハリンには3度行っているので、以前は豊原市と呼ばれたユジノサハリンスクの現状などを話した。晴れた日は富磯からもサハリンが眺められるという。以前、一枝さんと別れて歩き始めると追いかけてきて干したタコの足を下さった。歩きながらかじった味が忘れられない。

夫は13年前に亡くなり、親戚の女性と二人暮らしとのこと。丸顔の笑顔は以前と変わらなかった。私は再会が好きだ。お互いに元気で当時を思い出すことができる。

7月10日（火）富磯―稚内市　稚内空港の近くではエゾカンゾウの花の群落がある。私の住む長野県の霧ヶ峰高原に咲くニッコウキスゲとよく似た花である。

稚内市内に入ると店の前や2階のレストランで手を振っている人々がいた。昨日の宗谷岬スタートが新聞、テレビで報道されたからだった。

私はパソコン、スマートフォンが全くできず、出発前に「らくらくスマホ」を買って歩きながら使い方を覚えている。

15年ぶりに再会した久保田一枝さん。会いたいと願っていた

7月11日（水）稚内市内―抜海　早朝、古川さんと野寒布《のしゃっぷ》

稚内から宗谷本線に沿って歩くとどこからでも利尻富士が見えた。手前の花はエゾニュウ

岬にある漁村の池野鉄三郎さん（86）を訪ねた。ちょうど船から陸へ移るところだった。鉄三郎さんは昆布、タコ、ウニなどを採っている。近くでは昆布を干していた。昆布漁は8日解禁になったが天候が悪く今日が初漁となった。

赤い旗が揚がると5時から8時まで操業できる。天候が悪く操業できない時は黒い旗になる。近くで昆布干しをしている人々がいた。鉄三郎さんの家に行くと、朝食の前に「長次郎」という焼酎の水割りを一杯やっていた。鉄三郎さんが86歳で現役という元気の素はこの酒だなと思った。仕事が終わった後の一杯はさぞうまいことだろう。

鉄三郎さんは樺太で生まれた。樺太や北方領土で生まれた人々はサハリンとは言わない。1945年8月ソ連の侵攻後、漁師だった両親と2人の兄、姉と共に稚内へ移住した。鉄三郎さんは大型漁船に乗ってソ連（現ロシア）北方領土周辺でタコ、タラなどの漁をしたが3回も拿《だ》捕《ほ》されたという。拿捕されると漁船は没収される。

抜海《ばっかい》に向かう途中、展望台があって1721メートルの利尻富士が美しい姿を見せていた。晴れの日は稚内市の日本海沿岸を歩いているとどこからでも利尻富士が眺められる。今日はよく晴れていた。抜海に着くまでずっと利尻富士が横にあった。

イタドリの群落が各所で見られる。春の高知へ行った時、イタドリは山菜として人気があった。稚内では誰も採らないという。歩道にヘビがいた。イタドリの下で危うく踏んでしまいそうになって驚いた。ちょっとの間、私の行く方向に共に移動した。北海道に毒ヘビはいないという。先へ進むと、またヘビを踏みそうになった。今度は前より大きく、鎌首を上げてこちらを睨《にら》んでいた。ヘビはイタドリの下へ進んでいった。歩いている時はヒマなのでいろいろなものに気を取られる。エゾニュウがたくさん咲いている。エゾニュウと利尻富士。よい風景だ。

北都タクシーから降りてきた女性ドライバーの方が「日本縦断をしている沖縄の方ですね」と、よく冷えた水の入ったペットボトル2本をくださった。励まされている気持ちになった。

会社を定年退社、キャンピングカーで日本中を旅行している静岡の小島隆司さんから何かのタシにして下さいと3000円いただいた。運転する人には、歩いている姿が遠くから見えるようだ。車が近づくとTシャツやリュックの「基地のない沖縄を!」「核兵器廃絶」「戦争のない世界」のマークも見えているようだ。

抜海の民宿は海辺だった。6畳の部屋に、私を含め3人が寝る。一人は利尻島の旅館で1ヶ月アルバイトをしていたという青年。もう一人は定年退職後、列車で各地の旅行を続けているとのこと。夕食は同じテーブルに、同室の人とオートバイに乗って北海道を一周している中年のご夫妻。夕食後、皆でビール会をするとのことだったが私はバタンキューと眠り、同室の2人が戻ってきたのも気がつかなかった。

7月12日（木）抜海―勇知　古川さん、小野寺美澄さん（84）と一緒に歩いた。小野寺さんは1983年ソ連軍による大韓航空機撃墜事件取材の時、稚内市で偶然お会いした。この事件では乗員、乗客合わせて269人が犠牲になったが、宗谷岬現場まで遺族に同行取材した。その後、小野寺さんとは前回の旅の時に再会した。

古川さんは一緒に歩き、小野寺さんは車で先行してところどころで待っていた。抜海無人駅には旅をしている人の寄せ書きがあった。私も寄せ書きをした。

雨は苦にならない

7月13日（金）勇知―豊富町　勇知で泊まった悠遊ファームは観光農園で、稚内の小学・中学校の生徒たちやほかの土地からも自然体験や野菜づくりに来ている。豊富町の看板のあった場所まで3キロぐらい、おだやかな坂道が続く。周囲にはところどころの酪農と牧草地以外は何もない。時々自動車が通りすぎるだけで人影がない。

4時間ぐらい歩くと古川さんが待っていて、古川さんの知り合いというサロベツファームで弁当にした。燻製されたソーセージとベーコンを焼いて、元気な旅を続けられるようにと出してくれた。香ばしくうまかった。

22・8キロ歩いて5時に豊富町に到着した。今日は1時間3キロ近く、ペースが上がってきた。稚内の池野鉄三郎さんのウニ漁を手伝ってたくさんもらってきたと、古川さんがアイスボックスからすぐ食べられるようなウニを出してきたのでトーヨーホテルのお客さんにも食べてもらった。

7月14日（土）豊富町―幌延町　歩き出してから手持ちのお金が少なくなっていることに気がついた。途中で出会った古川さんに相談して車で豊富の郵便局へ寄り、またここへ戻って歩くことになった。

牧草地しかないところに突然、大きな建物が見えた。日本原子力研究開発機構の幌延《ほろのべ》深地層研究センターだった。敷地内には深地層を研究する地下３５０メートルまで掘られた東立坑と西立坑、その上の建物、試験棟、研究管理棟などが建っている。

そこでの事業を説明する「ゆめ地創館」に入った。写真パネル、模型などが並び、エレベーターに乗ると地下5メートルに行くのに３５０メートルを下っているような錯覚を受ける。案内した人は親切丁寧だった。「原発使用済み燃料を再処理した時に発生する高レベル放射性廃棄物を安全に処分するための深地層処分の研究開発を行っている」とのこと。

原発使用済み燃料を地下にどう安全に埋めることができるかを研究している。燃料棒を厚い金属の容器に入れその周囲を特殊な粘土で固め、周囲の土に将来どう影響するかなどを研究しているようだった。私は機械や化学は全く弱い。やさしく説明してくれているのにわからないことが多かった。

使用済み燃料を入れた容器を宇宙遠くへ飛ばす、海底に埋める、南極に埋める、地下に埋めるなど検討されたという。有害度が低くなるまで、数千年か数万年か忘れたが、すごく時間がかかり、その後地層がどうなるか研究段階で実際に担当している人たちにもわからないのではないかと思った。

要するに、原発を考え実行に移した人たちは、使用済み燃料の処分のことはよく考えていなかったのではないか。原発がなければ使用済み燃料の研究も必要ない。現在、使用済み燃料が5万本ぐらいあるという段階ではその処理の研究は必要なのだろう。しかし、研究成果がわかるのはいつのことになるのか。

7月15日（日）幌延町—雄信内トンネル先　夜は歩き疲れているので風呂に入り、ビールを飲み夕食後はすぐ

日本原子力研究開発機構の幌延深地層研究センター。同様の研究所は岐阜県瑞浪町、茨城県東海村にあるという

眠って朝早く目が覚める。2時半に目を覚まして外を見るとかなりの雨が降っていた。顔を洗ったり、雨対策と、リュックの中の荷物をビニール袋に入れたりした。朝食代わりにカロリーメイトを食べ5時にスタートした。

今回、リュックはレインカバーが装備されたモンベルの17リットル。雨の日に初めて使用するので、これほど激しい雨の中で荷物が保護されるか、結果は宿に着いてみないとわからない。前回はカバーをしても水を通して荷物がずいぶん濡れた。歩いていてモンベルのウォーキングシューズは完全に水を防いで靴下も濡れなかった。雨具も水を防ぎむれることもなかったので快適だった。結果的にはリュックは水は防いだが、背中についた部分から水が浸透したのでその対策が必要だと思った。

雨の中を歩くのは苦にならない。リュックや合羽《かっぱ》に当たる雨の音が聞こえてくるが、雨が降っても降らなくても特に考えることはない。何も考えないということが長く旅を続ける楽しみである。旅をしていない時は仕事や人との関係を考えたりする。徒歩の旅ではそれがない。

朝、古川さんから今日は休みでしょうねと電話があったので、今、歩いていると答えると驚いて車でかけつけて下さり、先行してところどころから私を見守っている。

強い風が吹き続けていたが、深い森の中に入るとピタリと風が止まったように感じた。車の通らない道の真ん中を歩いていると、とてもぜいたくなことをしているような気持ちになった。これも徒歩の旅でなくては味わえない。天塩中川駅前の旅館で、これまでサポートして下さった古川さんと、沖縄にゴールした時にはオリオンビールでカンパイしようと約束して別れる。感謝。

7月16日（月）原稿書きの一日　週1日、休養を兼ねて歩きを1日休み、原稿書きをすることにした。昨日は激しい雨の中を10時間以上歩いたのでよい休日になると思った。夕食前に、この旅の様子を配信してくれる共同通信社に原稿を送る予定だったが、夕食時間が早かったので夕食を急いで送稿が終わった時はホッとした。いつも食後はビール大瓶1本か生ビールがあれば中ジョッキ2杯と決めていた。生ビールがあったが原稿が残っていたので1杯だけにした。

無人の南幌延駅で休む古川聰さん。7月15日

7月17日（火）雄信内トンネル―中川町　午前7時、旅館のご主人に、15日に古川さんの車に乗った雄信内《おのつぷない》トンネル近くまで送っていただいた。約6キロ。ここから旅館方向へ戻って歩くことになる。人の車やバス、列車などに乗って歩く道の空白をつくらない。これは徒歩の旅のこだわりとなっている。「気をつけて旅を続けて下さい」というご主人の言葉に送られて歩き始めた。

　思いもかけず古川さんが自動車で待っていた。野寒布岬で手伝っている昆布漁が天候不順で中止となったとのこと。再会が嬉しかった。中川町を通り抜け音威子府《おといねっぷ》へ向かった。夕方になったので小さな川に架かる愛国橋のところから中川町へ戻りポンピラ温泉に泊まった。

7月18日（水）中川町―音威子府村　地元のタクシーで愛国橋まで送ってもらってから歩き始めた。私は後から突然、自動車が通り過ぎる度にギクッとするので右側を歩き、向こうから大型車が来る時は道路横に立ち止まったりしている。大型トラックは100パーセント近くが風圧をやわらげてくれようとするのか道路の中央側へ寄ってくれてドライバーの優しい心遣いを感じる。古川さんが昨日、稚内市へ戻り、今日から寺本千名夫先生が私にとって適時な場所に宿泊施設のない難所を自動車で支援して下さる。寺本先生は元専修大学北海道短期大学学長、現在は北海道高等教育研究所理事。

車を私の行程の先に置いて戻ってきて一緒に歩くが、私より速い。70歳になるが疲れた様子も見せないので感心した。そしてまた、先へ行って待っている。

富和トンネル955メートル、前方から来る車にわかるようにヘッドランプをつけて歩いた。歩道があるので安心。音威子府まで数キロを残して夕食時間の終わる時間に天塩川温泉に戻った。ここも夜までに徒歩で移動できる範囲に宿泊施設がないのだ。

アイヌの文化にふれる

7月19日（木）音威子府村―手塩川温泉　車に乗ったところまで戻る。音威子府の手前に松浦武四郎「北海道命名ゆかりの地」があるというので寄った。私は勉強不足で、松浦武四郎については江戸時代の末期に北海道を探検した人としか知らなかった。現場に建てられた碑には安政4（1857）年、武四郎は天塩川探査の帰途、オニサッペ（筬島《おさしま》）の長老からこの地（カイ）で生まれた貴人を「カイナ」とアイヌ人は呼ぶという話を聞いた。明治2（1869）年、武四郎は「北加伊道」を含めて6例の名を提案して「北加伊道」が採用され、加伊は北方に続く海ということで北海道が誕生したという。

私は今、北海道の旅をして北海道の自然を楽しみ、北海道を開拓した先人や現在の人々の努力に敬意を払っている。しかし、歴史的には北海道にはアイヌという先住民族がいて日本人が北海道を侵略したと考えている。以前、当時の中曽根康弘首相が日本人は単一民族と言った時、明治政府により琉球は侵略され沖縄県として併合されたと思っているので単一民族説は違うと思った。政府によるサンフランシスコ条約（1952年4月28日発効）60周年を祝う式典（2012年）は、アメリカ支配下になった屈辱の日として多くの沖縄人が式典に反対した。来年（2019年）の「北海道命名150周年」式典の催しには、北海道にはアイヌ先住民族がいたことを広く知ってもらう配慮も必要だと思った。

7月20日（金）手塩川温泉─美深温泉　朝は元気がある。また、旧道を歩いた。河川敷パトロールの車が止まって2人の人がおりてきた。新聞で見た。どこかで会うと思ったが旧道で会うとは思わなかったという。頑張ってくださいと、一緒に写真を撮った。

7月21日（土）美深温泉─美深町南美深　美深《びふか》温泉を出ようとした時に雨が降りだしたので戻り、雨具を着てカメラを防水用に替えるなどした。昨日、車に乗ったところまで寺本先生に送っていただき、美唄《びばい》市へ戻る先生と再会を約してお別れした。先生には、天塩川温泉に忘れた書類を取りに行っていただくなど大変お世話になっ

宿泊所を見つけ、一緒に歩き、車で送迎もしてくれた寺本千名夫先生

私が歩いている場所を探し会いにきてくれた能登清子さん（左）と輝夫さん

た。徒歩の旅は多くの人の支えで成立している。

雨がひどくなったので空き家の前の大きな木の下で雨具のズボンをはいた。空き家でも人の家に入るわけにはいかない。しばらく行くと傘を持った男性が待っていた。新聞で見てここを通るだろうと時々気を配っていたという。私と同じ年で15年前に酪農を引退したとのこと。沖縄へは3回行った。沖縄戦では大勢の人が亡くなり、今は大きな基地があり、沖縄も大変ですね、と言った。泡盛が好きで1年分まとめ買いすると送料は無料になるという。せんべいをいただいた。

歩いている人と会った。珍しいので話しかけると、奥村恵一さんという人で埼玉県飯能市に住み、定年になったので全国の行きたいところを分けて部分的に歩いている、今回は明後日いったん帰る。今日は私が泊まった天塩川温泉に泊まるとのことだった。私が2日間かけて歩いたところを1日で行くのだから元気がいい。

しばらく歩いていると車が止まって婦人がおりてきた。「石川さん覚えていますか」と言った。正直に言って覚えていなかった。能登清子さんだった。15年前の旅の時、苫前町の浜で昆布を干している場面を撮影した。その時に会った人が清子さんだった。御主人の輝夫さんはその日、他の場所へ行っていてお会いできなかったが、その時以来、今日まで毎年8月になると昆布がご夫妻の名で送られてきている。昆布はたくさんあるので近所の人や息子がいる沖縄料理店の人々に分けている。

今回、日本海側を通れば必ず再会できたのにとあきらめていたが、まさか遠く離れた美深町でお会いできるとは想像もしていなかったので感動して涙が出そうになった。新聞で見てこの辺を通ると思っていたが、今日は天気が悪く昆布採りが中止になったので運良く会うことができたと言った。

私も日程が遅れている。全く運と言ってよかったが、車で探してくださった気持ちに深く感謝した。私は再会が大好きだ。お互いに元気でいるから再会ができる。徒歩の旅を再現して本当によかったと心から思った。しかもつい先程会った泡盛の好きな方は内山繁美さんといって清子さんの兄だという。茂美さんから先程歩いていたよと連絡があって私の場所がわかったのだろう。ご夫妻から多大な餞別《せんべつ》をいただいた。

雨が止んだので昨夜泊まった美深にある道の駅で雨具をしまっていると、高校の同級生の濱田嘉一君から電話があった。今日は茨城県水戸市の図書館で始まった私の「戦争と子どもたち」写真展を、カンボジア・ベトナムツアーに参加した人たちと見にきているとのことだった。主催者となった中村洋子さん、ほかの方々から次々と電話があり、写真展の感想と旅の激励を送ってきた。私には嬉しい電話だった。

先へ進むと2人の女性が待っていた。以前、川崎市に住み私の写真展を主催したことがあるという。私は行けず写真だけを送った時だった。夫が定年となり、北海道で農業を始めて今は恩根内《おんねない》に住んでいるとのことだった。もう1人の若い方は娘さんで、結婚して福岡に住んでいるが母の農場を見にきているとのことだった。今日はいろいろな人に会う日だと思いながら美深のゲストハウスに夕方到着した。

7月22日（日）南美深―名寄市　コンビニで買ってあったパンと牛乳を朝食にして6時30分に宿を出た。今日は名寄《なよろ》まで20キロを歩かなければならない。しばらくしてお寺の入口を撮っていると、婦人が赤く熟したトマトを3個持ってきてくれ、「食べなさい、沖縄まで大変ですね」と言った。北海道新聞名寄支局の人が取材した記事が大きく掲載されたので、私が沖縄出身であることを知っていた。天塩川を渡った名寄市の入口に「自衛隊のまち・名寄」の大きな看板が立っていた。「基地のない沖縄を」のTシャツを着て歩く私の姿は市民の目にどう映っただろう。

7月23日（月）名寄市　メモ整理と原稿。歩いている時は小型手帳に簡単にメモ、宿で書き直す。

7月24日（火）名寄市―士別市　6時30分、ホテルをスタート。10日前の幌延から、各地で天塩川《てしおがわ》と出会い、共に旅をしているような気持ちになっていた。天塩川は北見山地の天塩岳に端を発し256キロを流れた後、日本海へ入る最北の大河ともいわれているとのこと。名寄市入口で天塩川とも別れて少し寂しい気持ちになった。市街地を離れると時々、自衛隊の各種自動車が走っていた。美深ではミサイルを運ぶ車も見た。

名寄、士別は酪農よりカボチャ、ジャガイモ、小麦、トウモロコシ、ソバなどの農作地が多くなる。水田も目立ってきた。宗谷、留萌《るもい》と気温が変化しているからとのこと。大豆畑でトラクターを動かしている人から、どこまで歩くのと声をかけられた。沖縄までを計画していると答えると驚いて、頑張ってくださいと励まされた。

腰の痛み

7月25日（水）士別市―和寒町　和寒《わっさむ》駅から20キロぐらい山に入った、廃校となった福原小学校を利用した宿舎「ゆきのおと」に泊まることになっていた。夕方5時に和寒駅前バス停から宿舎方面に向かう町営マイクロバスの最終便に間に合わせるために、朝6時、ホテルを出発し約20キロ歩く。今回の徒歩の旅を計画した時は1日、20キロ平均は大丈夫と考えていたが、歩いて15、6キロがやっとということがわかってきた。15年前は35キロぐらい歩いたこともあったが、やはり80歳という年齢には勝てないと思った。

剣淵町の道の駅があったので休憩と栄養補給を考えてレストランに入った。天井を注文すると店員の女性が氷水がたくさん入った大きな水差しを持ってきて、「暑かったでしょう、出勤する車の中から歩いているところが見えました」と言った。冷えた水を十分に飲んだ。和寒駅前の名寄と旭川を結ぶ路線バスの停留所に午後4時に到着した。ここに町営バスが来るという。疲れていたので待合室のベンチで休んだ。マイクロバスの客は私1人だった。バス料金は100円。町からバス会社が依託を受けているとのことだった。

「ゆきのおと」にはもう1人、オートバイで旅をしている人が泊まっていた。勤めの休暇を利用して大阪から旅をしているという。教室を改造した寝室には畳を敷いた木製のベッドが10並んでいた。寝室には廃校になる前に児童が書いた習字がそのまま残っていた。風呂に入って、主人の和田智巳さんともう1人の旅人の3人で夕食をとった。2人とも30代後半のように感じた。

大阪の人は今朝宗谷岬を出発したという。私が17日間かかったところを1日で来たことになる。ホンダの大型で格好いいオートバイだった。オートバイで旅する人をライダー、自転車はチャリダー、歩きはトホダーとライ

廃校となった小学校の教室を寝室にした宿舎「ゆきのおと」。客はオートバイで旅をしている人と２人だった。７月25日

ダーの人たちは呼んでいるとのこと。

７月26日（木）和寒町―比布町　７時30分の町営バスが来たので、２人で「校門」のところまで見送ってくださった。昨日、マイクロバスに帽子を忘れたが持ってきてくれた。バス停横のコンビニで昼食用のニギリメシとペットボトルの水を２本買った。北海道の夏も日中は暑い。特に太陽が真上にくる12時から２時頃までがいちばんこたえる。

塩狩峠に、作家・三浦綾子の旭川市にあった旧宅を移設した塩狩峠記念館があったので寄ってみた。三浦綾子の代表作となっている「氷点」「塩狩峠」「道ありき」などの初期の作品はこの家で書かれたとのこと。三浦綾子の作品や原稿、写真などが展示してあった。予定していなかったが、思いがけず作家の素顔に触れることができたような気持ちになった。

夕方、比布《ぴっぷ》駅のすぐ近くにある、比布町が運営する「地域ふれあい館」ブンブンハウスに着いた。オートバイで旅をする多くの人が利用するのでライダーハウスともよばれている。1泊300円。管理人はなく、箱にお金を入れる。新しい建物で感じがいい。50畳ぐらいの広い部屋に男性が2人、女性用の部屋には3人いた。シャワーがあり100円でお湯が出る。コインランドリーもある。私もシャワーを浴び、洗濯をした。近くの銭湯へ行く人もいた。皆さんコンビニ弁当やカップ麺を買って夕食にしていた。

それぞれ寝袋を用意している人が多かったが、私は持っていないので衣類を着たままリュックを枕にした。どこでも熟睡できるのが私の特技である。

7月27日（金）比布町―旭川市永山　7時に皆さんに見送られてライダーハウスを出発した。旭川に入る比布トンネルの近くでNHK旭川放送局の人と落ち合うことになっていた。比布市から国道40号に出るまで近道を通らなかったので時間がかかった。

その後、急に腰に力が入らなくなり、右肩が下がって、歩くスピードが落ち、やっと歩いている状態になってNHKの人たちに申し訳ないと思った。トンネルに入って行き交うトラックの撮影をしている時にバランスを崩して仰向けに倒れて腰を打った。トンネルの外で待っていたNHKの人々が心配して戻ってくるのが見えたので立ち上がり、やっとトンネルを抜けた。外で横になっているとカメラ助手の人が長い間、紙であおいで涼しい風を送ってくれた。

話すことは支障がないのでインタビューは無事に終えた。ホテルのチェックインは3時からとのことだったので永山市民交流センターのロビーで休んだ後、ホテルへタクシーで行った。夕方6時10分からの北海道ニュースの時間に放送された私の様子を見た稚内の古川さんほか旅を支えてくれる人々が、腰を痛めているのかと心配して電話をくれた。

7月28日（土）永山町―旭川駅近く　旭川市の永山から旭川駅前のホテルまで今日の予定は9キロ。昨日は、トンネル付近では5メートル歩くのも苦労した。今日、歩けるかどうか。荷物を人に運んでもらわないという原則を破って、一昨年、旭川で催した写真展と講演会の発起人の1人でもある永山にお住まいの室屋秀憲さんにお願いし、軽いリュックを借りて水とニギリメシだけを入れ、常時背負っているリュックは車で旭川駅に近いホテルへ送っていただいた。

8時、永山のホテルを出て、室屋さんの案内で、昨日休憩した交流センターの向かいの広場で屯田兵《とんでんへい》開拓祭りの準備を見ながら病院で床に就いている天寧寺の住職を見舞い、屯田兵の永山武四郎を祀《まつ》った永山神社を見て旭川駅前へ向かった。腰の痛みはなくなっていた。

7月29日（日）旭川市　今日はメモの整理と次の宿舎を決める日。夏の北海道はどこの施設にも大勢の客が押し寄せるので予約に苦労する。明日は6時にホテルを出発、一昨日NHKの車に乗った比布トンネルまで戻って永山まで歩く。

徒歩の旅の醍醐味

7月30日（月）旭川市―比布トンネル―旭川　午前6時30分、早朝にもかかわらず旭川スマイルホテルロビーに、一昨年の写真展と講演会の企画共同代表の坂井勝さんと奥さんの律子さんが来て下さった。お二人とも家から自転車だったが、健康方法の第一は歩くこと、第二は自転車という。70歳を過ぎているかもしれない。お互いに元気で再会できたことが嬉しかった。お別れして自転車で遠く去っていくお二人を見送った。

「乗り物を使って歩行行程に空白区間をつくらない」というこだわりでここまで、稚内の古川聰さん、寺本先生に支援を受けて歩き続けてきた。妻は、80歳の年齢を考え、こだわりを捨て先に進んだ方がいいという。妻として夫の体力を気遣っての言葉である。私も、那覇のゴールまで先は長い。次の目的地を目指した方がいいのではないかと思った。でも、適所に泊まるところのない広い北海道の難所を支援してくださった寺本先生は、もし可能であれば比布トンネルまで一度、戻ってはどうかとアドバイスをくださった。その言葉に、すぐに戻ることを決断した。

比布トンネルまでの6キロは、車だと時間は短いが距離的には長く感じる。私の足で3時間かかる。それでも比布トンネルが見えてきた時は懐かしさを覚えた。出口で降ろしてもらって旭川市永山へ向かって歩き始めた。

国道40号から39号へ移る道の正面に大雪山連峰が見えた。旭岳を主峰とした2000メートル級の連山で、その周辺は日本で一番大きい国立公園という。雪渓、温泉などの紹介を新聞やテレビで見ていて一度訪れたいと思っていた。ヒグマも棲んでいるという。遠くからではあるが正面に眺めながらトンネルまで戻ってよかったと思った。

永山から旭川までは28日に歩いたので旭川まで寺本さんの車に乗った。途中、自衛隊第二師団司令部があった。沖縄の米軍基地とは違って静かな感じだった。アメリカとソ連が対立していた冷戦時代、ソ連は日本の仮想敵国として第二師団は日本の防衛の要とされていた。現在は中国と北朝鮮を警戒し、沖縄に自衛隊基地が増え強化されている。北の自衛隊基地を見て南の自衛隊を考えた。

7月31日（火）旭川市—深川市　旭川から神居古潭《カムイコタン》へ向かって歩いた。忠別川の旭川大橋を渡った時、197

7年、旭川の大寒波を取材に来た時、この橋のたもとで橋を渡る途中、息で前髪と眉毛が凍って白くなっている馬場節子さんを撮影した状況を思い出した。

その写真は当時のアサヒグラフに掲載された。15年前の「徒歩の旅」ではご主人と3人のお嬢さんが旅館へ会いに来て下さった。一昨年の旭川での写真展に、ご主人、娘さん夫妻、お孫さんが一緒に見に来て下さった。忠別川はゆったりと流れていたが私たちが生きる歳月はずいぶんと流れたことになる。

神居古潭まで12号国道を歩いた。交通量が多い。石狩川には大きな岩が並んでいるところがあり、川に洗われて白くなっていた。長野県木曽川にも似たような場所がある。

船が唯一の交通手段だった頃は激流を行く舟が岩にぶつかる難所で、神《カムイ》に無事を願ったという。今は神居古潭の駅はなくなったが、駅舎を残し、2963型、C57型、D51型の機関車が展示されていた。

カムイコタンは神様の居る場所という意味で、石狩川以外にも雨竜川、空知川、夕張川ほか数ヶ所にあるがいずれも川の断崖絶壁など難所にあるという。

神居古潭に昔からあるような土産店でシソジュースを飲んだ。よく冷えていておいしかった。12号を歩こうとすると女主人が、神居古潭駅の前から納内《おさむない》方向へサイクリングロードがあると教えてくれた。木陰が多く歩き易かったが、57号道路に出ると日差しが強かった。今年は全国的に猛暑が続き、熱中症による死者もでているが北海道も暑い。私も絶えずペットボトルで水分、塩アメ、レモン、梅干で塩分を補給している。

深川への途中に約2キロの春志内《はるしない》トンネルがある。寺本先生の助言で、トンネル横のサイクリングロードを歩くことにした。全く車や人の姿が見えない。石狩川の横にある静かな道である。このような場所を歩くのが徒歩の旅の醍醐味《だいごみ》である。頭首工《とうしゅこう》と呼ばれるダムがあったが、そこから農業用水を空知《そらち》に配水している。各地で水田が見られたが空知のコメはうまさで知られている。春志内トンネルが切れたところで12号道路に出た。

市町村の各市街は主要道路に沿って長く建物が並んでいるが、夕方になると疲れて、深川の市街地に入ってからホテルまでが遠く感じられた。馬場さんに連絡するとご主人とホテルで待っていた。皆で近くの居酒屋へいき夕食をとった。馬場さん夫妻とは1年8ヶ月ぶりだった。その間の話したいことはたくさんあったが明日のことを考え、夕食を早く切り上げた。

8月1日（水）深川市―滝川市江部乙　6時半出発の予定だったが荷物の整理が長びき、朝食をカロリーメイトにして7時半スタートとなった。6時半に馬場さんが来ていたが、準備を煩わせてはいけないと、可愛い入れ物をホテルのフロントに置いて帰ったとのこと。食べやすく小さく切ったメロンが入っていた。コンビニに寄り、バナナ1本と野菜パックジュースを朝食にした。

菊水コミュニティセンターというところに東屋《あずまや》があったので、休憩して馬場さんからいただいたメロンを食べた。保冷パックが入っていたのでまだ冷たかった。元気がよみがえった。石狩川に架かる妹背牛《もせうし》橋には歩道がなかったが、右側を歩くと前方から来たほとんどの車が左に寄ってくれた。橋から国道12号に出るまでが暑く時間がかかった。周囲に樹木がなく太陽の熱が頭に当たる。日陰がなく道路脇で横になっていると、女性のドライバーが車を止め、「大丈夫ですか」と声をかけてきた。熱中症で倒れていると思われたのかもしれない。次からは人に心配をかけるような休み方をしてはいけないと思った。

やはり暑さのせいか、7時頃やっとの思いで駅前の江部乙《えべおつ》温泉に着いた。温泉につかり少しは疲れがとれたが夕食なしで食堂は遠かったので、カロリーメイトを食べて眠った。

8月2日（木）滝川江部乙―砂川市　札幌を中心にしての往復と思われる大型トラックが増えていた。滝川市内でステーキとハンバーグステーキと書かれた大きな店があった。力をつけるために店に入った。チーズハンバーグ、サラダバー、スープ、白飯、サフラン飯カレー付きで960円というコースを注文した。ずいぶん安いなと思った。それで力がついたような気持ちになり、足どりも軽くなり、リュックの重さも気にならなくなった。

カメラマンの喜び

8月3日（金）砂川市―美唄市　農場の横に近代的建築の家が建っていた。農家というイメージではない。その横に開拓時代や、戦争中、敗戦後に建てたと思われる古い農家も残っていて物置に使っているようだった。昔の家を見るのが好きだ。当時の開拓民の労苦が想像される。建築後、それ程年月がたっていないと思われる無人の家も多く見られる。子どもが成長して都会に行き、残った両親が歳をとって亡くなるか子どもの家に行って空き家となる。全国どこにも見られる光景だが北海道の空き家は立派な家が多いのが特徴だ。

徒歩の旅の楽しさはシャッターを押したくなる光景がたくさんあることだろう。歩き始めてからこれまで26日間、4000枚近く撮影した。これはカメラマンの喜びである。使用する写真は限られあとは家に眠ってしまうことになる。『写真は心で撮ろう』（岩波ジュニア新書）という本を前に出したが、それだけ心を動かしたことになる。

ベトナム戦争中、米軍やサイゴン政府軍に従軍した時の写真だけでも整理しておこうと思った。約1万5000枚あった。そのうち発表した写真は、多く見積もっても500枚だろう。残りの1万4500枚は未発表である。でもその枚数だけ、戦争の中で悲しみ、怒りと心に触れる経験をしたことになる。カメラマン活動はそういったものである。これまで55ヶ国の外国訪問、日本でどれだけシャッターを押したことになるか。数えたことはないが、そのようなカメラマン生活に悔いはない。

歩いているうちに急に疲れを感じてきた。何故だろう。そんな時、寺本先生が自動車で様子を見にきてくださった。しばらく歩くと休憩時間をとる回数が多くなった。これまではどんなに遅く歩いても休憩をとろうとは思わなかった。見かねて寺本先生がリュックを担いで自動車で旅館に運んでくださった。リュックはなくても歩くのがやっとという状態でどうにか旅館に着いた。


8月4日（土）美唄市—岩見沢市　ここも昔風の旅館、6時、朝食に食堂に行くと7人の仕事着の人たちがいた。7時、寺本先生が車で三菱と三井の炭鉱跡へ案内してくださった。市の中心地から離れた山の奥に三菱美唄炭鉱のクレーンが2基残っていた。エネルギー革命で石油に代わられるまで石炭は日本の経済発展を支えてきた。三菱美唄炭鉱は1915年からスタートしてピークは1941年で、1972年閉山になったという。

私は山田洋次監督の「幸福の黄色いハンカチ」が好きだ。あの映画が描いたのは夕張炭鉱だったが、かつての妻が待つ家の庭で黄色いハンカチがずらりと並んではためいている場面には胸が熱くなった。また、土門拳の写真集『筑豊のこどもたち』は当時、炭鉱で生活する人々を表現した傑作と思っている。

炭鉱に限らず、私が知っている敗戦後の日本は、庶民の皆が貧乏をしていたが子だくさんで、少しでも豊かになりたい、自分を成長させたいという夢があった。三井鉱山の住宅地跡には当時の建物が残り、改良して現在も使っている家もあった。日本の歴史の一部を見たような気持ちになった。

美唄駅前から歩き始めたが、今日は好調だった。リュックも軽く感じ、1時間3キロを歩くこともあった。原因は何か。昨夜、今朝と十分な食事をとったから、曇って暑くなかったからと思う。

三井炭鉱の跡に残る立て坑の巻き上げ機

8月5日（日）岩見沢市　岩見沢駅周辺の旅館とホテルに数軒電話したが、どこも満員とのことだった。子どもや学生が夏休みになっていたからだろう。駅から17キロ離れた場所に泊まることができた。メモ整理と休養の日。

8月6日（月）岩見沢市―江別市　岩見沢駅前から江別市へ向かった。暑い。地元の人も今年は暑いと言っていた。夏の太陽は広島を思い浮かべる。広島に原爆が投下された日もこのような暑い日だったと思う。夏休みの子どもたちが森でセミをとり、川で小魚を追っている時にピカッとした光線によって命を奪われた状況を想像している。

ベトナム戦争ほかを撮影したカメラマンとして、「命《ぬち》どぅ宝」（命こそ宝）と考えているが、一度に多くの命を奪う核兵器は悪魔の兵器であり、今回の旅でもシャツに「核兵器廃絶」と染めている。日本は核兵器禁止条約を批准して核兵器廃絶の先頭に立つべきである。

8月7日（火）江別市―札幌市　札幌には、ジャーナリスト、前に私の写真展を企画した人ほかお会いしたい人たちがいる。あまり時間がないので1日休んで居酒屋かどこかに会場をつくって皆さんに来ていただこうかと思ったが、それも大げさなのでどなたとも会わずに、翌日出発することにした。結局、札幌には夜の8時到着、翌日6時出発という短時間滞在となってしまった。

8月8日（水）札幌市―北広島市大曲　早朝ホテルを出発。大通公園へ寄った。パフォーマンスをしている若者、ベンチでスマホを見ている人、散歩している夫婦など、朝早くから憩いの場所になっているのだろう。自転車や徒歩で通勤する人、大きなビルなどを見ていると北の大都市という感じがする。昨夜も札幌市に入ってから駅前まで時間がかかったが、札幌市を抜けるにも時間がかかる。途中で元教員の奥村勝美さんが自転車で来て、小型ラジオをいただいた。奥村さんからは前回の「徒歩の旅」でもラジオをいただいた。

宿泊した民宿アンデスには、周辺の工場や工事で仕事をしている人たちが10人以上常駐していた。酒は各自持ち込みになっていた。コンビニまで行くのはおっくうだと思っていると、主人の山本厚子さんが近所のコンビニへ缶ビールを買いに行ってくださった。皆の食事が済んだ後、ノンアルコールビールを飲みながら話し相手をしてくれた。

8月9日（木）北広島市大曲―恵庭市　今日は徒歩好調だ。アンデスで夕・朝食をしっかり食べて力をつけ、睡眠時間が長かったことが原因と思われた。昨日、アンデスへ行くまで長いゆるやかな坂道を上った。アンデスは150メートルちかく札幌テレビ塔ぐらいの位置と言っていたが、恵庭へ向かう道も上り・下りの坂があり、以前山だったところを造成したことがうかがわれた。

北海道の旅が始まって初めてセミの声を聞いた。私は長野に住んで自然を楽しんでいるが家の周辺でセミが時々しか鳴かないことを残念に思っている。標高900メートルで幼虫が土の中で冬を越せないからと考えている。道路上で死んでいるセミが見られた。1匹はひっくりかえったまま動いていたので拾って空へ放つと元気よく飛んでいった。

長崎に原爆が投下された日。敗戦後73年が過ぎ、原爆体験者の平均年齢も82歳を超えたという。長崎原爆投下後にアメリカの従軍カメラマンのジョー・オダネルさんによって撮影された、亡くなった弟を背負って立つ少年の写真は強く原爆の悲劇を訴えている。

沖縄の友人から昨日、翁長雄志《おながたけし》知事が亡くなったと電話があった。ニュースで知っていたので、来月の知事選には翁長さんに代わって誰が出馬するだろうと話し合った。翁長さんが那覇市長時代、私の「ベトナムと沖縄」写真展を市で主催してくださり、一緒にテープカットをしたことがあり知事室でもお会いした。

翁長さんは元沖縄自民党幹事長だったので、辺野古新基地建設に反対する経済関係の人々の支援も受けているという強味を持っていた。大変残念だが、歩きながら翁長さんの冥福を祈ると友人に伝えた。

旧日本軍のトーチカ

8月10日（金）恵庭市―千歳市　ホテルで見たニュースで、戦争中、特攻隊員の黒木國雄さんの出撃を見送る父親の写真が紹介され、弟の民雄さんが戦死した兄について語っていた。その写真を撮ったのは当時の戦場カメラマン小柳次一。私も小柳に関する取材で宮崎へ行き民雄さんとお会いしていたので、懐かしい思いで番組を見た。特攻隊で約６０００人が亡くなっているという。戦争は多くの人々の将来を奪ったことをあらためて感じた。

ホテルを出てすぐに雨が降り始めたのでロビーへ戻って雨具を着て、防水カメラに代えた。歩いていると降りがひどくなった。郵便局があったので入り、葉書を買って雨ズボンをはいた。しばらくすると雨が止んだので店舗の店先で雨具を脱いだ。着続けていると暑い。雨の時はこのようなことを繰り返す。

8月11日（土）千歳市―苫小牧市　千歳空港近くで降下してくる旅客機や、南千歳駅に到着する列車を撮影した。列車や飛行機でどんな旅をしているのだろうと想像して、こうした場面を撮影するのが好きだ。

苫小牧の市街へ入るまでの歩道は全く手入れなしで草が道にはえていた。道端に野イチゴがたくさんあった。私たちの子どもの頃は菓子や果物が高値だったので、野生の桑、椋、ぐみ、イチゴを見つけると大喜びした。今は野イチゴが食べられることも知らない子が多いだろう。道路脇のイチゴを時々摘んで口に入れた。ちりで汚れていても気にならなかった。

8月12日（日）苫小牧市　１日平均10時間ぐらい歩いている。歩くのが遅いので目的地に着くためにはそのくらい時間がかかる。１日１００枚以上撮影しているが、立ち止まり、カメラを構えてシャッターを押すまでに１分かかるとして、１時間半以上費やしていることになる。休養日は1週間分の原稿を書き、今後の行程などを考えるなどして、夕方の食事以外に宿舎から出ることはない。歩いている時は楽しいが緊張感もあるので、精神的にも休むことができる。

8月13日（月）苫小牧市　土曜日に歩行を中止したところまでタクシーで早朝に戻り、ホテルまで歩いてから

戦争当時、米軍の上陸に備え、旧日本軍が機関銃をすえた厚いコンクリートのトーチカを47基造った。今、14基残っているとのこと。苫小牧市海岸

苫小牧フェリーターミナル（西港）へ行った。茨城県の大洗港まで行く「さんふらわあ」と仙台港まで行く「きたかみ」が停泊していた。私がいた時間には見えなかったが、ほかに八戸や名古屋まで行くフェリーもある。船旅が好きだ。高校生の時、沖縄への往復は晴海埠頭《ふとう》と那覇港を往復する白山丸に乗船していた。海を眺めていると気持ちが広がっていくようだった。

苫小牧港は夏休みを北海道で過ごした人やお盆で本土に帰る人などで混んでいた。北海道旅行をしたオートバイも列をつくっている。2隻の船に次々と大型トラックが吸い込まれていった。稚内から苫小牧まで歩いて、大型トラックが日本の経済を支えていることを感じたが、そのトラックがフェリーを利用している様子を目のあたりにした。

8月14日（火）苫小牧市―苫小牧市錦岡　国道36号線を歩き苫小牧市郊外の海岸近くにある

旧日本軍が造った鉄筋コンクリート製陣地トーチカが残っているのを見た。太平洋戦争中、苫小牧、室蘭ほかの軍需工場や飛行場、鉄道が狙われ、１９４５年7月14、15日に米軍の空襲や艦砲射撃を受けた。千歳、根室、函館など70市町村が攻撃され市街を破壊、２０００人以上が死亡したとのこと。

トーチカを撮影していると、近くに住む佐々木修三さん（72）が状況を説明してくださった。戦後に生まれたが、当時はもっとトーチカがあり、米軍の戦車を防ぐ溝も造られていたとのこと。多くのトーチカは戦後、壊されたが、このトーチカは撤去費用が市になかったために残された。今では戦争を知らない世代に当時を説明することに役立っているという。

8月15日（水）錦岡―白老町北吉原　雨の中で浜辺から大勢の人が投げ釣りをしていた。遠いので何が釣れているのかわからなかった。投げ釣りでハゼ、キス、カレイなどを釣ったことがある。北海道では何が釣れるのだろう。

8月16日（木）北吉原―登別市幌別　未明から激しい雨だった。虎杖浜《こじょうはま》の漁村の通りに入った。今回、北海道は中央の主要道路を歩いたので漁村は初めてだった。雨に濡れた漁網や浮玉が新鮮に目に映った。海鮮料理を出す宿の女将が、近年、漁獲量が少なくなり漁業や海産にかかわっている人も経営が苦しくなっていると言っていた。

海産物を販売している店があった。タラコ、タコ、カレイ、イカ一夜干しなどののぼりがひらめいている。５台の車が次々と来て雨の中を急いで店のなかに入っていった。旅をしている人たちがお土産に買って帰るのだろう。スケソウダラ漁が主で地元の仕事場ではタラコがつくられているとのこと。登別漁港には悪天候で出漁できない漁船が停泊していた。

8月17日（金）幌別―室蘭市本輪西　歩いていると、自転車の旅の人から「徒歩の旅の人がいると聞いたが、姿を見かけたので」と声をかけられた。自転車、オートバイに乗っている人の話を聞きたいと思うが、話しかける間もなく通り過ぎてしまう。

山口市の藤井直枝さん（33）は、初めは稚内市から徒歩の旅をしようと思ったが、初日で無理とわかったので自転車にした、札幌へ行って自転車やテントなどを揃えて走っている、とのことだった。

白老《しらおい》でも雨の中で自転車旅をしている埼玉県に住む橋本真教さんという人（62）に声をかけられた。会社を定年となり旅をしているが、7月19日から20万円使っているし、疲れも感じてきたので旅をやめようかとも考えているという。私は80歳で沖縄まで歩く予定というと、私も頑張ると雨の中を走っていった。

8月18日（土）室蘭市本輪西―伊達市伊達紋別　製鉄を中心に重工業都市だった室蘭市も米軍の空襲や艦砲射撃を受けた。今は工場の夜景を眺めるクルーズ観光もあるようだ。昼の工場を見ながら歩いた。海岸線を行くつもりだったが道を間違えて山の上を走る37号主要道路にいたので、途中から海岸道路へ下りた。昔から使っている漁民の待機場所や漁具を置いてある番屋があった。左に海、前方に有珠山《うすざん》を見ながら歩いた。

無理はいけない

8月19日（日）伊達紋別　休養日。1日中ホテルの部屋で原稿とメモ整理。明日以降のスケジュールに取り組んで机の前にいる。

8月20日（月）伊達市伊達紋別—洞爺湖駅　予備カメラ2台、スマホ、携帯電話と各充電器、着替え、洗面道具、筆記用具、地図、日程表、非常食としてカロリーメイト、アメなどを入れたリュックは10キロ。旅の途中、市町村や観光の資料が増えるので時々整理して家に送っている。

ゆるやかだが長い上り道が続く。周囲に家はなく森林ばかり。疲れたので一休みしたいと思っても座ることのできるような場所がない。アルミ製の軽い椅子があるといいなと思った。虻田《あぶた》の道の駅があったのでソフトクリームを食べて休憩した。眼下に虻田漁港が見えたので撮影した。坂を下りると漁港入口が見えた。全景を見たのでもういいだろうと思って通り過ぎたが、やはり船に近づいて撮影をしたいと、また戻った。カメラマンとしての気持ちである。

洞爺《とうや》駅の近くで女性に声をかけられた。一瞬、わからなかったが長野県の私が住んでいる家の4軒先の尾中利恵さんだった。4人のお子さんの末娘にシュタイナー教育を受けさせるために北海道へ行ったと聞いていたが、もう10年ぐらいお会いしていないので、一瞬どなたかわからなかった。そのお嬢さんも今は大学に通っているとのこと。車で通りがかりに私の姿を見たので待っていたとのことだった。意外な出会いで驚いた。3人のお子さんのその後など、しばらく立ち話をした。

道路沿いの豊浦の宿が全て満員だったので、洞爺湖近くにあるグリーンホテルまで洞爺駅からバスに乗った。乗客はほとんどが中国人家族で、行先アナウンスは中国語でも行われていた。グリーンホテルは畳の部屋にベッドとトイレを備えてあった。食堂には、温まる鍋のほかにバイキング形式で手作りのおかずが並んでいた。主人と奥さん、娘さんも親切でとてもいい宿で人に薦めたい。1泊2食付6300円だった。

大岸トンネル。旧道には歩道のない古いトンネルが多い。反射板で光るベストを着て電燈を首から下げ右側を歩いた

8月21日（火）洞爺駅―豊浦町大岸トンネル

早朝、6時45分のバスで洞爺駅まで行き、歩き始めた。雨がひどくなったので自動車修理工場の軒先で雨具を着て防水カメラに代えた。周囲には人家のない森林の中の道が続きトンネルが続く。歩道のないトンネルもある。トラックが何台も通り過ぎて、すごい音がトンネルに響き、強い風にあおられる。対向車があるので人がいてもよけることができないのだ。

夕方になり、山の道を1人で歩いているので心配したのか、車を止めて「大丈夫ですか」と声をかけてくださった人がいた。この先20キロ以上の長万部《おしゃまんべ》まで人家も少ないのだ。大岸トンネルを抜けたところで寺本先生が美唄から駆けつけてきてグリーンホテルへ戻った。

8月22日（水）大岸トンネル―長万部町　寺本先生の車で大岸トンネルまで送っていただい

た。周囲は山ばかりでゆるい上り下りの道が続いた。まだ手つかずの自然が残されていて北海道は広いところだと思わずにはいられなかった。予備の水を忘れ、ペットボトルが空になって、沢の水を飲みたかったが下りることに危険を感じた。山の道が終わったところの自動車修理工場の脇に自動販売機があったので、またたく間に水を1本飲んでしまった。今度は、周囲は何もない長い海岸線に沿った道が続いていた。

車を宿の前に置き、寺本先生が歩いて迎えにきた。長万部の宿までまだ5キロ残っていた。私には2時間半の距離である。あと2キロぐらいで肩が下がってきた。こうなると腰が痛くなる。休むと一時はよくなるがすぐ腰にくる。2キロが長く感じられた。宿まで200メートルのところで先生に車をお願いした。トンネル内の緊張や雨の中の歩行が影響したと思われた。前回の「徒歩の旅」や四国遍路ではなかった現象だった。80歳という年齢に無理はいけないと思った。この日は27キロの歩行だった。

旅館で風呂にも入らず、外食に行く元気もなく夕食なしで眠ってしまった。

8月23日（木）長万部町―国縫《くんぬい》　昨日遠くから見た静狩漁港へ行くと、大勢の人がホタテの稚貝《ちがい》の選択をし、新しい籠に稚貝を入れていた。女性が多く若い女性もいた。夫は海に出ているのだろうと思われた。天気がいい。漁船が戻ってきた。クレーンで稚貝の籠を吊り上げていた。

稚貝は籠に入れて育て大きくなったら貝殻の「耳」と呼ばれる部分に穴をあけて吊るす「耳吊り方式」で育てる。食用になるまで3年ぐらいかかるとのこと。オホーツク沿岸や道東では直接、砂地に稚貝を撒《ま》いて育て、底引き漁で穫る地撒き式がとられているという。養殖といっても人工飼料を与えているのではないので天然といえそうだ。

漁港には活気がある。一日中、撮影していても飽きることがない。しかし歩く距離も残されているので後ろ髪を引かれる思いで先に進んだ。

8月24日（金）国縫―八雲町本町　昨夜は温泉に入り夕食をし、早く眠ったので体調がよかった。そろそろ北海道のゴールである函館が視野に入ってきたので、歩いている途中で宿の予約をした。

メモの整理もあるので25日（土）・26日（日）は八雲町落部《おとしべ》に泊まろうと思ったが、仕事関係の人でずっと満員と言われた。落部に泊まらないと次の森町まで33キロ歩くことになる。落部の「やかた」は前回も泊まったことがある。そのことを話し27日に泊まりたいと言うと予約ＯＫとなった。宿がとれるとひと安心する。森町のビジネスホテルもＯＫ。大沼のペンション「森の中の小さな家」は前回にも泊まり、その後、年賀状も続いている。電話をすると、新聞で歩いていることを知っていた。再会を楽しみにして待っていますとのことだった。

函館は前に泊まったホテルは名前が変わっていた。全室満員とのこと。但し「わけあり」の部屋なら1室空いているという。どんな「わけ」かは聞かなかったが私には問題ない。1泊４０００円と安かった。

毎日が真剣勝負のような気持ちなので、今日まで3日先の宿の予約をしようという気持ちになれなかった。函館が近づいたので気持ちに余裕が生まれた。

珍しく人家のない通りに山小屋風の喫茶店があった。びしょ濡れの雨具とリュックを外に置いて中に入った。宗谷岬出発以来、初めて喫茶店で飲むコーヒーだった。チーズケーキもうまかった。車で若い男女6人のグループも来た。思い切って休憩をとった方が、疲れがとれることもわかった。

6時半になった。あと2キロぐらいだったので7時半頃には着くと宿に連絡したが、7時には着いて、一緒に歩いていた寺本先生も体調がよくなったことを喜んでくださった。

山形屋旅館はとてもよかった。部屋は畳だが壁は明るく、洗面所、トイレが付いている。共同温泉もある。女将さんが親切だった。濡れた靴を乾燥機にかけ、部屋にビニールシートを持ってきてくれたので服や荷物を広げることができた。

8月25日（土）八雲町本町　台風の影響が残るので、今日、明日は休養と原稿書きとメモ整理の日とした。和室だが机と椅子も用意してくれた。宿の女将さんが、リュック、雨具ほかすべての衣類を洗濯してくれたので、私は乾くまで浴衣で過ごした。寺本先生は美唄に戻った。青森で六ヶ所村などを案内して下さるとのことだった。

8月26日（日）八雲町本町　時々、晴れ間があり太陽の光がこぼれる。サンマが手に入ったのでと、朝食についていた。

コーヒーがうまい。そう言うと、部屋で飲むようにとポットに入れてくれた。のんびりと疲れをとり、スタートからこれまでのメモを整理し原稿を書くことができた。

昆布採りの夫婦

8月27日（月）八雲町本町―八雲町落部　山形屋旅館の主人・阿部清隆さん、奥さんの香織さんと一緒に宿の前で記念写真を撮って、落部へ向かった。旅の前半でお世話になった稚内の古川聰さんが、函館にある奥さんの実家の引っ越しを手伝いに行く途中で寄って山形屋に泊まった。

八雲町野田生《のだおい》で、老夫婦が家の庭で切断した昆布を干していた。ホタテの養殖は各所で見てきたが、昆布採集は稚内市の野寒布岬以来だった。山田久俊さん（70）、妻の節子さん（71）の2人で海へ出ていくという。漁村ではないので周囲に漁民の家はない。今朝、昆布漁をして船は近くの浜に陸揚げしてあるという。

倉庫には真昆布と印刷された箱に1等から3等まで分けられた昆布が入っていた。これから箱詰めする昆布もあった。1枚の葉の根元に近い、幅と厚みのあるのが1等、先に行くにしたがって2等、3等となる。葉の周辺の薄い部分は赤葉昆布として出荷する。根元もダシに使われる。お二人とも丁寧に説明してくれた。八雲を含む道南で採れる真昆布は葉が厚いので、ダシとしては最高の評価を得ているが、食べ物としては向いていないという。

昆布採りの時期は7月21日から9月中旬、5時から8時半まで。海がシケていない時は毎日海へ出る。陸では直接陽に当てて干し、天候が悪い時は小屋の中に吊るして乾燥させる。海から帰っても乾燥、選定、箱詰め、出荷と忙しい。漁連に出荷し、函館でセリにかけられる。等分けした昆布が適合しないと戻される。それは不名誉なことであり信用を取り戻すまで時間がかかるので、慎重に昆布の質を選んでいて真昆布の評判に結びついているとのことだった。

昆布採りの山田さん夫妻が揃って海から戻ってくる様子を撮影したいと思った。電話をすると節子さんが、4時半頃浜を出て9時頃帰る、この数日、天気はあまりよくないが海に出るか出ないかは漁連でなく自己判断とのことだった。明日、5時半頃、電話して留守のようだったら海へ行っていると思うことにした。その時は函館へ行っている古川さんが来て、野田生まで連れて行ってくれることになった。

8月28日（火）八雲町落部—森町新川町　5時半、5時50分と山田さんへ電話をしたが、どなたも出ない。8時に迎えに来ることになっていた古川さんは6時半に来てくれた。少し早いと思ったが、それがよかった。浜へ行くと夫婦が昆布を干していた。海がシケてきたので早めに切りあげたという。手伝いの人も含めて3人で昆布

妻の節子さんと沖で採ってきた昆布を船からおろす山田久俊さん。浜に干した後、うまそうにタバコを吸っていた

を干す。野寒布岬で昆布干しを手伝った経験のある古川さんも加わった。

山田夫妻が船で戻ってくるところの撮影は間に合わなかったが、浜での作業は撮影できた。動力で浜に引っ張りあげた船から久俊さんが昆布をおろす。それを節子さんが干す。夫婦一体となった作業は見ていていい光景と思った。息子さんは3年間、両親と共に漁業をしていたが、妻も手伝わなければ成り立たないので漁業はやめさせたと久俊さんは語った。現在は大手工業会社の正社員として勤めている。

昆布を干す場所には一面に小石が敷かれている。昆布の汚れを防ぐためかと思っていたが、そうではなく太陽の光を石が吸収し昆布を乾かす。1日に何回か昆布を裏返すとのこと。ひと仕事終えた久俊さんは一服していた。

昆布のシーズンが終了するとタコを獲る。タコ漁は1年を通じてできる。冬でも海に出る。プラスチックの箱を海底に置いておくとタコ壺

落部で合流した大城忠さん。沖縄出身の人と会うのは楽しい

のようにタコが入っている。11月から3月まではナマコ漁。船でチェーンのようなものを引いていくと海底のナマコが舞い上がって網袋に入るという。

山田さん夫妻の話をもっと聞きたかったが、足を進めた。徒歩の旅の青年と会った。オートバイ、自転車旅行の人たちは多く見てきたが、歩いている人は珍しい。梅原聖弥さん（20）は千葉県富津市を7月9日にスタートして宗谷岬へ向かっていた。大学は留年しているとのこと。いつまで歩くかは宗谷岬に着いてから考えるという。

民宿「やかた」が運営しているドライブインレストランのところで、沖縄出身の大城忠さん（68）と出会った。大城さんは沖縄の読谷高から北大医学部へ進み、江差の診療所に通っている。前回の旅の時は、函館県人会の人たちが大城さん宅に集まって歓迎会をしてくれた。那覇市にゴールしてその夜の祝賀会にもわざわざかけつけてくださった。この辺を通る頃だろうと車で来たら歩いていたので待っていたとのこと。ドライブイン「やかた」で一緒に昼食をして函館での再会を約束した。

今日の目的地・森町に近づいたころは夕方になり始めていた。先を急ごうと思ったが、鷲ノ木というところに「榎本武揚上陸の浜入口」という看板が見えたのでそこへ向かった。

周りに人家が数軒あったが、空き家になっていてさびしい場所だった。明治元年10月20日、榎本武揚、土方歳三、上陸地という碑と説明板があるだけだった。榎本武揚は徳川幕府海軍の指揮官として新政府軍と対立、軍艦

8隻、3000人の旧幕府軍兵士を率いて鷲ノ木に上陸、蝦夷《えぞ》共和国の総裁となった。新選組の土方歳三も近藤勇が処刑され、新政府軍に追われて北海道に上陸した。

榎本は新政府軍との戦いに敗れ投獄されたが、釈放され、明治政府では外務、文部大臣などの要職に就いた。土方歳三は34歳で戦死している。榎本の上陸地点から続く漁村は空き家が目立ち、残された猫たちが道の中央を占領していた。暗くなったのでヘッドライトをつけて歩いた。

8月29日（水）森町新川町―森町赤井川　森駅の近くのホテルから歩き始めていると、見事な栗の木と桜の木が立ち並ぶ青葉ヶ丘公園があった。桜は約1000本あり、なかでも1914年に植えられた桜は「百年桜」と呼ばれているという。樹齢200年といわれる栗も初めて見る大木だった。散歩をしていた老婦人に聞くと、栗の実は小粒で誰が拾ってもよいとのこと。

宿舎となる「森の中の小さな家」に近づくと、主人の夏坂幸彦さんが2本のウォーキングポールをつきながら迎えにきた。ポールを使うと腕を伸ばすので心臓の動きもよくなるとのこと。そのことは知らなかった。私はポールを使っているが、転びそうになった時の体の支えのためである。

懐かしいペンションが見えた。前の旅から15年ぶりである。幸彦さんとはその後も年賀状の交換をしていたので、15年が過ぎてもお互いにそれほど変わったとも思わなかったが、時間は確実に過ぎている。幸彦さんは4人のお子さんがいて、既に8人の孫のおじいちゃんで、来年もう1人増える予定とのこと。

ペンションの窓から眺める自然がいい。秋の気配を告げるススキの穂が揺れ、月見草が咲き、林の間から駒ケ岳が見えるようになっている。前の旅の時は晴れていたが、あいにく今回は曇っていた。話しているうちに夕食時になったので一緒に食べた。前はフェリーでコックをしていた息子の回《かい》さん（24）が料理をつくっている。ヒレ肉のワイン煮、刺身、サラダほか、和洋とり混ぜて大変おいしかった。その間、幸彦さんの妻、俊子さんが汗に濡れた衣類を洗濯してくださった。千葉県から移り住んできたという近所のご夫婦も加わって9時すぎまで話し込んでしまった。

8月30日（木）赤井川―北斗市　早朝から雨だった。幸彦さんの案内で環状列石（ストーンサークル）を見にいくことになった。縄文時代後期前半、約4000年前に造られたと推定され、石が600個ぐらい並び、直径約37メートルの円をつくっているという。

鷲ノ木遺跡は、榎本武揚が上陸した浜の反対側の山の方にあった。幸彦さんは時々、ブザーを鳴らした。熊よけ対策という。確かに熊が現れそうな場所だった。縄文時代の石が並んで円をつくっている光景からは縄文人が祭事をしている様子が想像された。彼らはどんなものを着て、会話はどのようにしていたのだろう。大変よい物を見たという印象だった。高速道路建設中に環状列石が発見され、遺跡をそのまま残したそうである。下のトンネルの道路を自動車が走っていた。

鷲ノ木遺跡と周辺から発掘された土器、石器、土偶を展示してあるところへ行った。森町教育委員会の高橋毅さんの説明を聞きながら古代の人々の生活を想像した。当時の人が造ったイカの形をした入れ物があった。八雲町では同じくらいのイカメシを名物として売り出しているとのこと。

ペンションへ戻り幸彦さん、俊子さん、回さんと記念写真を撮って北斗市へ向かった。ヒッチハイクで旅をしている若者・林徹さんにコンビニで会った。住まいのある広島をスタートして今日で4日目。第1日3台の車に乗り大阪まで。第2日8台の車で新潟市まで。3日目5台の車で青森まで。フェリーに乗り、今日は函館から1台の車でここまで来た、これから2台目を探すと言っていた。

コンビニやカーパークに泊まっている車と交渉したり、乗せてくださいと行く先を書いた大きな紙を持って道路に立つという。3週間の予定で広島へ戻る計画とのことだった。いろいろな旅をしている人がいて世の中は広いと思った。

七飯町の昆布館に寄った。各地の昆布、トロロ、生食用の製品、昆布だしの醤油などいろいろと販売され、1本の昆布を切って箱詰めにしている作業がガラス越しに見られるようになっていた。昆布採りの記録映画が大スクリーンで上映されていた。昆布の歴史や各地の昆布料理、昆布採りの道具を展示した資料館もあり、面白かった。利尻昆布、真昆布の紹介もあった。

縄文人も昆布を食べていたと考えられるとパンフレットに書かれている。平安時代初期に書かれた「続日本紀《しょくにほんぎ》」に昆布という文字があるとのこと。北前船が昆布を琉球含め各地に運んだ。琉球王朝時代、中国に昆布を売ったため琉球料理に昆布がよく使われるようになり、沖縄は昆布消費量が増加した。昆布採りの現場を見ていたので参考になることが多い昆布館だった。

8月31日（金）北斗市―函館市　赤松並木の街道を歩いた。見事な松が14キロも並んでいる。約1400本あるという。「日本の道百選」にも入っている。前の旅の時もここを歩いた。北海道の旅の最終目的地となっている函館へ向かっているので気分的にも楽だった。途中に函館ワインの会社があった。前に函館の市場で新鮮なイカの刺身を肴《さかな》に函館ワインを飲んだ時のことを思い浮かべた。

前の旅の時、泊まったホテルの看板が偶然に目に入ったので、北海道の旅が終わったという充実感を覚えた。そのホテルが今でもそのままあるかもしれないと、前のように右の歩道を歩いた。ホテルの名はプラザからテトラに変わっていたが全く同じ形で残っていた。待っていた稚内の古川さんと駅まで歩き、記念写真を撮った。汗を流した後、古川さん、大城さんと居酒屋で函館到着のカンパイをした。

9月1日（土）函館市　函館市での撮影のために駅前の朝市へ行った。食堂街はウインドーにイクラ、ウニ、ホタテ、イカ、エビなどの丼物が並んでいる。屋外、屋内の市場には生きたカニやウニそのほかの海産物が並び、見ても食べても楽しい市場と思った。私も新鮮なイカ、ウニ、ホタテを肴に函館ワインを飲みたかったが、五《ご》稜郭《りょうかく》を見学し、市電の風景など北海道終着地の撮影を続けた。

9月2日（日）函館市　北海道の旅、最終の休養日。一日中、ホテルで原稿を書き、荷物やメモの整理をした。夜になったらイカ刺しを肴にしたビールを楽しみにしている。

北海道の旅を振り返って

北海道の旅を終えて9月3日、東北への旅の準備のため函館から家に戻った。

7月9日（月）、宗谷岬を出発。8月31日（金）函館着。54日の旅。15年前の時は宗谷岬から函館まで35日間だった。今回と前回ではコースは違っているが、およそ750キロ前後とすると今回は19日間多く日数がかかっている。

その原因は80歳となって体力的に1日の歩行距離が短くなったからだ。週1回、旅の連載原稿書きとメモの整理を兼ねて休日とした。歩行実数は47日。1日平均15キロ。前回は平均26キロだった。

体調が悪い、雨が降るという理由で歩行を中止したことは前回も今回もない。どんなに激しい雨でも歩いた。

前回は歩き始めた頃、足に水ぶくれ、血豆が出来たが、今回はそれは全くなかった。しかし今回、肩が下がって腰が痛くなり、その日の歩行を中止して、翌日また、中止したところから歩き始めたということが数回あった。原因はわからないが終わりの頃は治っていた。歩行後の血液検査の数字――血圧１２４／70、中性脂肪１２６、血糖１０３、気になっていたアルコールの影響を示すγ－ＧＴＰは70から50に減少し、他もほぼ標準値として、体重は４キロ減となった。歩行が健康に良いと数字に示されていた。

第2章　東北、東日本大震災被災地を歩く

稲穂をねらう小鳥をおどすための紙の「鷹」。風がなくなると落ち、吹くと見事にぐるぐる回った。2018年9月28日。岩手県種市町

9月16日（日）青函フェリーで青森へ　青函フェリーに乗る前に、函館駅前の青空市場へ行った。6日に起こった北海道胆振《いぶり》東部地震以降、ホテルでは観光客のキャンセルが相次いでいるとの報道を見たからだった。カニ、ウニなどを売っている店では「昨日まではお客が全然来なかったが、今日からはお客さんが来るようになった」と言っていた。

私が北海道の旅をしていたことを知っている人たちから地震の影響を心配する声があった。地震の3日前に北海道を離れたと伝えると、よかったねと言われた。しかし、報道カメラマンとして地震の状況を撮影して伝えたかったという気持ちの方が強かった。

札幌も被害があったので友人たちの被害が心配だったが、幸い、家屋、家庭に大きな被害を受けた人は誰もいなかった。

青函フェリーのターミナルは苫小牧ターミナルよりは規模が小さくレストランがなかった。船室はカーペット室、椅子席があった。ドライバー専用室はよく眠ることができるよう部屋を暗くしてあった。乗用車で旅行中と思われる家族、老齢の夫婦、一人旅の人たち、甲板で海にカメラを向けている人もいた。新幹線がトンネルを通っているのでフェリーに乗る人は自動車利用者か船旅が好きな人なのだろう。私は青函連絡船が終了する1988年の年末、青函連絡船から津軽海峡冬景色を見たいと思って羊蹄丸《ようていまる》に乗ったことがある。

今回は11時35分に乗船して青森到着は15時25分、約4時間である。青森港に着き、下船すると声をかけてきた人がいた。待っている人がいるとは予想していなかったので、どなただろうと思っていると、山谷芳弘さん(80)という方で、澤田《さわだ》教一《きよういち》さんの青森での写真展の時と思い出した。山谷さんは水墨画で津軽の四季などを描き、1983年3月、帝国ホテル内にある近代工芸店「立花」で個展を催している。東奥日報に電話して私の到着時期を知ったという。私たちは同じ年齢、お互いにまだ頑張ろうと誓った。

青森ホタテの発祥地

9月17日（月）青森市―青森市浅虫温泉　港にある青森県観光物産館アスパムを東北の旅のスタート地点とした。歩き始めると雨になった。空は明るいので海辺の公園で雨が通り過ぎるのを待った。北海道の宗谷には自然の花が路傍《ろぼう》に見られたが、都会では撮影する対象があまりなかった。元専修大学北海道短期大学長の寺本千名夫先生は、青森県出身ということもあって浅虫温泉まで一緒に歩いた。

宿は寺本先生がつくってくれたリストから選んでいる。椿館は老舗で青森生まれの版画家・棟方志功《むなかたしこう》が泊まった宿として有名とのことだった。海岸より少し陸側に入った、日本家屋の落ち着いたたたずまいだった。明治天皇も泊まったとパンフレットに記してあった。

9月18日（火）浅虫温泉―平内町夜越山森林公園　海岸を歩いて平内町《ひらない》に入ると、漁港の近くに「ほたて広場」と書かれた建物があった。生きたホタテ、干した貝柱などの商品が並んでいる。館長の須藤元克さんから青森ホタテの話を伺った。

平内町は青森ホタテの発祥地で1962年頃、養殖を始めたとのこと。7、8月、9ミリ〜10ミリに育った稚《ち》貝《がい》を網袋から50〜60枚ずつ養殖籠に移す。9月下旬、15枚から25枚ぐらいずつ籠に移す。1月〜3月、ホタテの端に穴を開けて100枚くらいずつ耳吊りにする。丸籠には10枚ずついれる。翌年の7月頃出荷。

養殖の場合、出荷は稚貝から1年〜2年半。砂で育てる地撒《ま》きは2年〜4年で出荷。ホタテ養殖をしている須藤さんの話はわかり易かった。2階の展示室で養殖方法が図解され、稚貝の付く網袋や籠が展示されていた。

夜越山森林公園の入口から桜並木や森林を1キロ半ぐらい歩いたところにケビンハウスがあった。ログハウスのような山小屋が6棟あり、そのうちの1棟に泊まった。夜は静かすぎるほどだった。ここで2、3日ゆっくりしていたいという気持ちになった。コンビニで買った稲荷寿司とビールで夕食。

9月19日（水）夜越山―東北町野辺地《のへじ》　燃えるごみ、燃えないごみを分けて管理室前のごみボックスに入れ、人気《ひとけ》のない森を歩いた。沖から帰って来る船が見えたので清水川漁港に寄ると、それぞれの船で、漁民が魚を下ろす、ホタテ籠を積む、船を洗うなどの作業をしていた。どうしてもカメラは女性に向けられる。しばらく撮影していた。そのために宿に着く時間が遅くなるが仕方がない。

昨日、韓国の文在寅《ムンジェイン》大統領が北朝鮮の金正恩《キムジョンウン》朝鮮労働党委員長と首脳会談を行った。会議の内容は北朝鮮の非核化、経済協力、金委員長とトランプ米大統領の会談の時期などだったようだ。テレビのニュースで2人の首脳がオープンカーに乗って歓迎をする大衆に手を振って応えている様子を見て、よい光景と思った。韓国と北朝鮮へ何度も行っている私は南北統一を心から望んでいるが、難しい問題もたくさんあると思う。そうした問題の解決は交流からはじまる。

9月20日（木）野辺地―六ヶ所村、三沢基地　今日は野辺地の旅館にもう1泊して徒歩は中止。倉島恵美子さんの車で六ヶ所村と三沢基地を回ることにした。

六ヶ所村の使用済み核燃料再処理施設は工場の建設前から友人の鎌田慧が取材していた。倉島さんは鎌田の友人で、何度も取材に同行している。寺本先生、日本テレビのドキュメンタリー番組を撮影している大小田直貴さんと行動を共にした。

原発を動かすと核燃料廃棄物が出る。日本には60万本の低レベル放射性廃棄物があるが、そのうち30万本は六ヶ所村にある。その液体をガラス状に固めて特殊な金属の缶に入れて埋めてあるとのこと。高レベルの放射性廃棄物は全国に1830本あるが、そのうち六ヶ所村に346本あるという。

北海道の幌延《ほろのべ》でも放射性廃棄物の処理研究をしている施設を見た。国策として原発を稼働させ核燃料の安全性を研究しているが、私には核燃料廃棄物の最終処理を確認できないまま見切り稼働させていると思えてならない。核に関して安全ということがあるだろうかと疑問に思っている。

六ヶ所村にある原燃のPRセンターの上から見えた使用済み核燃料再処理施設

9月21日（金）野辺地―東北町乙供《おっとも》　山道が長かった。秋の気配が伝わってくる。ススキの穂が太陽の光に白く反射している。道には萩の花が咲き乱れている。コスモスが風に揺れ、ソバの白い花は黒い実に変わっていた。コオロギの鳴く声を聞きながら歩いた。栗の実がたくさん落ちていた。拾っているといつの間にかポケット一杯になった。

三沢基地周辺を回る

9月22日（土）乙供―三沢市　未明、雨の音がしていた。

米軍三沢基地。日本の「思いやり予算」で建てられた兵士用のマンションや一戸建てが金網に囲まれていた

夜の明けていない外を見ると、電柱の光が水たまりに反射して、強く雨が降っているのが見えた。宿をスタートする時、一瞬、もう1泊してのんびりしたいと思った。でも、すぐ雨対策をした。リュックはレインカバーをしても背中のところから雨を通すので、全てポリ袋に入れた。カメラは防水カメラをポケットに入れた。三沢に着くまで雨は降り続いた。

　三沢基地のゲートから続くメイン通りに沖縄料理の「ちゅら亭」という店があった。夕食に入ると、6人ぐらいのカウンター、椅子席も満員状態だった。カウンターの人が詰めてくれたので、オリオンビールを注文した。若い玉城翔多さんと奥さんの2人で店を切り回していた。玉城さんは那覇市で生まれ、奥さんが三沢の人だったので、7年前に三沢に来て店を開いたとのこと。ゴーヤーチャンプルー、沖縄そばを食べた。うまかった。有線放送から流れる沖縄民謡がよかった。

9月23日（日）三沢市　休養の日だったが、10時から八戸平和委員会の中屋敷泰一さんの案内で三沢基地周辺を回った。三沢空港は米軍、自衛隊、民間航空の3者が共同使用している。ちょうどJALが出発しようとしている時だった。滑走路に続く柵がするすると開いた。ＪＡＬが飛び立つとまた柵が閉まった。県立三沢航空科学館の屋上窓は半分磨りガラスで基地が見えない。遠く輸送機のようなものが見えたが、嘉手納基地、普天間基地

米軍三沢基地に駐留していた無人偵察機「グローバルホーク」。全長15メートル、28時間飛行可能。アフガニスタン、イラク戦争に投入された

のように戦闘機、武装ヘリコプターなどは見えなかった。日曜日なので訓練はなく、格納庫に入っているのかもしれない。

三沢基地航空隊は朝鮮戦争、ベトナム戦争、イラク、アフガニスタン戦争に出撃した。冷戦時代はソ連に対する北部の要となる基地の役割を果たしていた。資料によれば、F16C／D戦闘機40機、P－3C対潜哨戒《しょうかい》機10機ほかが配備されている。無人偵察機・グローバルホークもグアムから配備された。軍人約３７３０人、軍属、家族、計８５５７人（２００９年）。騒音問題が起こっているが、沖縄の嘉手納、普天間と違うのは、騒音のひどいところは移転している点だ。離着陸の下の四ツ目地区へ行った。２５１戸が移転して、現在は神社を残して原野のようになっている。移転先には大きな住宅が並んでいた。ほかに4カ所の地区が移転している。住宅と同時に小・中学校も移転しているとのこと。基地の思いやり予算で建てられた米軍

住宅もあった。

9月24日（月）三沢市―おいらせ町　私は超方向音痴である。以前、友人たちで飲み会をした時、駅から居酒屋までの道順を聞いたが、店を探し出せず時間がかかってしまった。友人たちから「それでよく、外国取材ができるな」と言われた。

三沢のホテルでおいらせ町へ行く道を地図に示してもらった。わからなくなったのでガソリンスタンドに寄った。２人の従業員がスマホで教えてくれた。歩いていると前と同じところに出たので、また、近くにいた人に聞いた。ホテルの前を2度も通った。手帳に道順をメモしても間違う。方向感覚に欠陥があると思う。それで徒歩の旅が続けられるのは、都市から出ると道路方向の標識が各所にあり、次の目的地がわかり易いからである。

9月25日（火）おいらせ町―八戸市　八戸へ向かう途中、桔梗野郵便局に寄って、荷物を軽くするためにこれまで貯まった書類を自宅へ送った。制服の自衛官がいた。事前に知らなかったが、近くに陸上地対空ミサイル連隊などの自衛隊の八戸駐屯地があった。フェンス内にトラックや乗用車が並んでいた。正面入り口には銃を持った自衛官が立っていた。近くに海上自衛隊航空基地もある。基地はかなり広く、8号道路はフェンスに沿うように続いていた。自衛隊基地の近くで生活する人々は自衛隊についてどう考えているのだろうかと思った。

9月26日（水）八戸市―種差海岸　種差海岸《たねさし》まではわかり易かった。

八戸港には大型漁船が停泊していた。茨城、千葉から来た船もある。大型の巻き網漁船は３２９トン、遠洋カツオ・マグロ漁船４３９トン、イカ釣り漁船は４９４トンという。いちばん小さなイカ釣り漁船は３・５トンだった。漁港の近くには巻き網漁船、底引、定置網、イカとそれぞれの船の市場や加工、冷蔵などの場所があった。3階の市農林水産部で、岩田匡史さんがわかり易く説明して下さった。

２０１６年、日本の主要漁港の水揚量ベストテンのうち八戸漁港は９万９３１２トンで７位。ちなみにトップからの順は、銚子、焼津、釧路、長崎、境、石巻。水揚げした魚はサバ、イワシ、イカ、スケトウダラ、その他の順。それらの地元消費は１・９パーセント、地元外出荷17・１パーセント、加工20・５パーセント、冷凍60・６パーセント。八戸港の水揚量のピークは１９８８年82万トン。

種差駅近くの白浜海岸から遊歩道があり、海岸の大きな岩に花が咲いていたのでしばらく撮影した。民宿・宝海荘のイカの煮物、各種魚の刺身など海の幸の夕食がよかった。

9月27日（木）種差海岸―岩手県種市町　雨が降ってきたので廃屋で雨衣を着た。屋根の間から空が見え雨漏りがする。足元の板も腐って長期間、人が住んでいない様子だった。こういう時は孤独感にとらわれる。岩手県が近くなった。階上《はしかみ》漁港にある「ハマの駅」で休憩も兼ねてざるそばの昼食にした。雨の日は座るところがなく休めない。新鮮な魚が販売されていた。店長にどこまで行くのかと聞かれたので沖縄まで徒歩の旅をしていると言うと、頑張ってとドーナツをいただいた。

階上駅前を抜け国道に出てしばらくすると青森県と岩手県の境界を表す看板が立っていた。青森県をスタートして11日が過ぎていた。

宗谷岬から使い続けていたカメラが雨のため動かなくなった。コンビニのビニール袋で包んで首から下げていたが袋の中に雨が浸透していた。完全に私の油断だった。全く同じカメラを家に用意してあった。すぐ宅急便で次の宿へ送ってもらう手配をして予備カメラを使うようにした。

岩手の海岸線を行く

9月28日（金）種市町―久慈市侍浜　共同通信社の藤原聡さん、半沢隆実盛岡支局長と一緒に歩く。八木港の近くに建っていた大きな津波防潮堤に圧倒された。高くて厚い壁だ。防潮堤の脇にあった郵便局の人の話では郵便局の隣の家も流されたとのこと。幸い洋野町では人的被害はなかった。防潮堤で海が見えなくなったと言っていた。昨年（２０１７年）、陸前高田の港へ行った時も、漁民が「防潮堤が命を守ってくれるのは有難いが、海が見えなくなって寂しい」と複雑な心境を語っていた。

１８９６年明治三陸大津波、１９３３年昭和三陸大津波があり、この地区でも大勢の犠牲者が出たとのことで当時の慰霊碑が建っていた。

9月29日（土）侍浜―久慈市　国道はひっきりなしに車が通るので県道を歩いた。数えたわけではないが1時間に10台ぐらいしか車を見かけなかった。農家の人に聞くと、海沿いに久慈まで行ける道があるとのこと。喜んで脇道へ入っていくと、「みちのく潮風トレイル」の看板があった。さらに行くと岩や崖のある海岸に出た。海は荒波が岩に当たって大きなしぶきをあげていた。このような風景を見ながら久慈まで行けると喜び勇んだが、道は漁港で終わっていた。

潮風トレイルは八戸の蕪島《かぶじま》から福島県の松川港まで線で結ばれていた。幅50センチに満たない道が森林の中に続いて海は見えない。草の茂る道は時々、見失いそうになる。倒れた木が道をふさいでいる。ところどころの沢は水量が多く、渡ることに苦労した。泥の中に足を入れて靴が泥にまみれた。

また県道を歩いて久慈市に近づき、水族科学館へ行く道を下りていくと、階段に「津波到達地点ここまで」という標示があった。下に道路がある。かなり高い。子どもが遊びながら階段を上ってきたので撮影させてもらった。

9月30日（日）久慈市　休養と原稿、ノート整理の日。台風24号の影響で1日中雨が降っている。16時23分、携帯電話とスマホに久慈市災害対策本部から避難準備のメールが入った。でも、行くところもないし、ホテルからの避難指示もないので台風が通り過ぎるのを待っている。

10月1日（月）久慈市―野田村　台風の状況によっては延泊するとホテルに伝えてあった。天気予報では午前9時以降は晴れになっていた。しばらく様子を見ることにした。

昨日、沖縄県知事選があり、夜になって沖縄の友人から玉城デニー氏（58）の当選が確定したと電話があった。2月の名護市長選で辺野古《へのこ》新基地建設に反対していた稲嶺進市長が落選した。辺野古基地建設阻止を表明していたデニー氏の当落に不安を感じる人は多かった。元戦場カメラマンとして戦争に結びつく基地は必要ないと考えている私も同様だった。デニー氏の当選は嬉しいニュースだが、国策として基地建設を進める政府にどのような方法をとるか今後に注目したい。台風は過ぎた。出発した。

海岸線に沿った県道を歩いていると、大小の岩があちこちにあった。岩の上に松の木があり、花が咲いている。自然の力を感じた。

久慈港の横にある集落には高い防潮堤があった。堤の横を歩いている人が小さく見える。久慈市では278棟が倒壊し、死者2名、行方不明2名の被害があった。斜面の上にある家から津波がくるのが見えて皆に知らせた

久慈市に造られた防潮堤。かなり高く、岸を散歩する人が小さく見えた。海から近い家の人は、これができて海が見えなくなったと言っていた

ので、住民は高い場所に避難することができたので人的被害が少なくてすんだとのこと。壁の前にある家の人は、前も13メートルの防波堤があったが、海が見えた。その上に2メートル追加した堤が出来たので海が見えなくなった。子どもの時から海を見て育った。命は救われるかもしれないが、今度、津波がいつくるかわからない。残された人生は海を見て暮らしたいと言っていた。海岸を散歩していたお年寄りは海が見えなくなったので、毎日海岸を散歩していると言った。

10月2日（火）野田村—普代村　下安家《しもあつか》漁港で作業をしている人々が見えた。上の道路から漁港へ向かって下りた。

夫婦でホタテを洗い形を整えていた。出荷する前の作業という。津波では集落の下にあった家は流され、2人亡くなった。犠牲者が少なかったのは明治と昭和初期の大津波で大勢の人が

リアス式海岸が見渡せる北山崎展望台。観光バスで多くの人がやってきていた。震災後の復興を願う者としてうれしかった

亡くなったことが皆の気持ちの中にあって、高台に避難したからとのこと。しかし、漁船はみんな流されてしまった。

大きくて甘味のある下安家のホタテは今年ブランド品となったそうだ。大きなホタテの殻をとり食べるように薦めて下さった。潮の香りがして格別にうまいと思った。

宿をとった「くろさき荘」は温泉があり、復興工事関係と思われる人も泊まっていた。フロントの人に聞くと震災以後観光の人は4分の1ぐらいになっている。客は県外、県内半々ぐらい。県外では青森、秋田、山形など近県の人が多い。県内では内陸に住む人が海を見たいとやってくるとのことだった。

10月3日（水）普代村―田野畑村　北山崎展望台は観光スポットになっている。観光バスが停まっていた。展望台から戻ってくる4人連れの人に観光バスで来たのかたずねると、バスでなく、4人で自動車で来たとのこと。なんとそのうち2人は井上雅司ご夫妻で、私がよく存じ上げている中近東研究家で元東大教授の板垣雄三先生と同じマンションに住んでいる方だった。板垣先生は親しくしているが井上夫妻は初対面。そのマンションは諏訪の私の家の部屋の窓から眺めることが出来る。井上さんは私のベトナム報道も読んでくださっていた。諏訪での再会を誓った。

第1展望台からは断崖をいい位置で眺めることができたが、写真には逆光であまりよくない。第2展望台は363段を下らなければならない。カメラマンとしてはよりよい写真を撮りたいという欲望がある。下ることにためらいはなかったが、約10キロのリュックの重みが肩にくい込んできた。上の売店に預けてくればよかったと思った。200段ぐらい下りたところにベンチがあった。リュックを置いて下りようかと一瞬考えたが、ここまで背負ってきたのだからと背負って下った。上る時のリュックの重さに、やはり置いておけばよかったと後悔した。

10月4日（木）田野畑村—岩泉町　朝、岸に2人の女性が昆布を干し始めた。ホテルを後にして寄ってみると、2人の男性も昆布を吊るしていた。震災前から昆布が少なくなっていたという。全国の漁港で漁獲高が減少していることと共通している。昆布も同じようだ。津波の後、船は流され、年もとったので昆布採りをやめた人も何人かいるという。この一帯の昆布は細型なので結んで煮物に適し、荒海で育っているので味がよいとのことだった。

展望台から見た北山崎の断崖が逆光だったので、光の当たった断崖を撮影しようと、鳥越港から北山崎断崖クルーズ観光船に乗った。乗船時間は約50分。92人乗りの船に乗船者は私一人。誰もいない時は出航しない。船を出す準備が始まった。私一人のために申し訳ないと思っていると、出航直前に車で駆けつけた中年夫婦がいたのでホッと胸をなでおろした。好天気だったので断崖の眺めはよかった。

田野畑村には鵜《う》の巣《す》断崖を見る場所がある。その展望台からは北山崎とは逆方向で見られるので午後の遅い時間でも撮影に適しているのではないかと期待した。しかし、鵜の巣断崖に着いた時は曇っていた。長い間、カメラマンをしているが、短い時間での撮影では運、不運があることはよくわかっている。残念だった。しかし、断崖の光景は心に残った。私は「感動は人生の見えない財産です」と本にサインと共に書くことがあるが、徒歩の旅は「感動の宝庫」といえる。

10月5日（金）岩泉町―宮古市田老　8月12日に大阪の警察から逃走した樋田淳也容疑者（30）は、9月29日に山口県で逮捕されたが、逃走中、「日本一周中」と書いたプレートを自転車の後ろに付けていたという記事が、岩手日報に掲載されていた。私も今回の旅の途中で自転車の旅をしている人を大勢見ている。その人たちにとって旅の経験が今後の人生にプラスになるだろうと信じている。しかし、日本一周と偽って逃走を図っていた樋田容疑者の行為には怒りを覚える。本当に自転車旅行をしている人も同様だろう。きちんと服役した後での日本一周であれば、樋田容疑者が人生を振り返る機会になっただろうと残念だ。

暗くなったのでバスに乗った。田老《たろう》の小高い丘の上に住宅が建ち並んでいた。きっと震災被災者の住宅と思ったが、明日、取材に戻ることにした。

被災した人々とのふれあい

10月6日（土）田老―宮古市　バスで昨日のバス停まで戻った。田老に行く坂の途中で上には住宅、港方向では防潮堤建設が行われていた。住宅の入口に警官の駐在所があったので、住宅の状況に詳しい管理人がいるか、誰に聞いたらいいか教えてもらおうと寄った。

あいにく留守だったので、住宅まで行った。庭で植物に水をまいている人がいたので声をかけた。以前、漁協に勤め定年になったという木村金雄さんは、代々田老に住み、父は漁師をしていた。金雄さんも漁協の前は漁師だった。

「この住宅地は国の援助もあり、被災者でないと住むことはできない。昭和8年の大津波の時、私の家族8人のうち6人が犠牲になった。生き残った2人のうちの1人が私の父。明治の大津波でも田老では大勢の人が犠牲になった」。

公園で子どもたちが遊んでいた。両親が働いているので保育園で預かっている子どもたちだった。小さな子や小学2年生の子もいるという。北海道から沖縄まで歩くつもりと言うと「おじさんがんばって」と励まされた。

田老は、東日本大震災では人口の4・1パーセントにあたる181人が犠牲になり、家屋被害は57・5パーセントの917棟とのこと。宮古市へ戻り漁港へ行くと大型のサンマ漁船が停泊していた。気仙沼、八戸、宮古の漁港で魚の荷揚げをするという。市内には震災後、空き地となり売れないまま草の生えている場所がところどころで見られた。


10月7日（日）宮古市　休養日。メモの整理と原稿を書いた。

10月8日（月）宮古市街―山田町豊間根　北山崎、鵜の巣の観光客に人気のある田野畑村の崖を見た後、宮古湾に延々と続く防潮堤の建設工事を見た。美しい風景、新鮮な魚など、他県の人々の人気を呼んだ場所が、自然災害によって風景も生活も大きく変えられたことを感じながら歩いた。

防潮堤に近い家の庭の手入れをしていた人は、「前の防潮堤を越えてきた津波でこの辺は泥沼のようになり、古い家は流されたが、土台がしっかりした家は残った。空地になっている家の人はほかに家を建て、戻ってこないので寂しくなった」と語っていた。

防潮堤の外の海岸に行った。漁に出ていた人は「避難が早かったので人的被害は少なかったが、漁船はみんな持っていかれた。この辺はカキ、ワカメ、昆布の養殖が中心」と言う。

昆さん。この地点から海岸に近い自宅が津波で流される様子を見ていた。山田町織笠

10月9日（火）豊間根—山田町船越　昨夜の宿、嶋田鉱泉は山あいのひなびた昔風の旅館だった。朝食の時に女将の芳賀美恵子さんが、薄切りにして焼いた小さな松茸一個分を差し入れて下さった。春は東北独特の山菜、シドケ、アイコ、ミズ、ワラビ、フキ、タラの芽など、秋はシメジ、ヒラタケ、マイタケ、そして松茸のキノコ採りをするとのこと。

その松茸を焼き、夕食の料理をしたのが昆あや子さん（69）。昆さんは津波の時、少し離れた高い位置の友人の家に避難した。2ヶ月前、山田町の高台の家に移り、鉱泉にお客のある時だけ、朝・夕の料理をつくりに来るとのこと。ほかの時間は「ラブハート・イン山田」の「さをり織・布草履手造り工房」の代表となっている。

「さをり織」は数本の毛糸でマフラー、テーブルクロス、コースターなどを織る。布草履は全国から支援で送られた、ネクタイ、浴衣、着物などの残ったものをもらい、細い紐にして材料とする。昆さんは仮設にいた時、手芸の先生の講習で覚えた。「災害にあったから神様が私に贈ってくれたと考えて今後に生かしていきたい。高齢化社会なのでその人たち、震災後、仕事を引退した人、若い人、子どもにも教えたい。廃校となっている教室で手芸だけでなくほかの講習も催せるよう、行政で考えてもらえると嬉しい」と言った。

国道へ出たところで山田町に帰る昆さんが車に乗らないかと誘ってくださったが、歩きますと言った。ただ、山田町で昆さんの流された家の場所、流されるところを見ていたところや、手芸の作業場などを見せてもらいたいと思い直した。

昆さんは避難した高台の友人の家からはすぐ下にある自分の家が流される様子を見ていた。家に向かって「行くなぁ！」と叫んだ時は「夢ではない。現実なのだ」と思ったという。

漁師だった夫は13年前に病気で亡くなり、2人の息子は東京と盛岡の仕事先に住み、娘は宮古に嫁いだ。避難した友人の竹内範子さんの家の足元まで津波が押し寄せた。竹内さんの家で1週間避難し、迎えにきた長女の家に住み、その後仮設生活をした。津波の後、竹内さんの家の周りには瓦礫《がれき》が集まり、下の道路に下りることもできなかった。やがて瓦礫が燃え、火事が広がった。津波が起こるとガソリンスタンド、漁船、家庭用灯油などのオイルが流れて、流された家にこびり付き、ボンベの爆発などで発火して火事が広がるとのこと。山田町も炎に包まれた。

今、竹内さんの家の前に国道ができて、自動車がひっきりなしに走っている。以前は、道路はもっと下にあり、家から山田湾の大島、小島やカキ養殖のイカダが眺められる絶景だったが、今では下に防潮堤が続き、風景が一変したと語る。

防潮堤の工事が行われていた海岸の近く、昆さんの家があったところへ行った。庭木は全部なくなり、カエデの木だけが1本残っている。思い出が重なるカエデが残ってよかったと、作業員が工事現場から立ち退きを迫ってもしばらく眺めていた。

10月10日（水）山田町―大槌町　山田町から大槌《おおつち》町までも防潮堤工事を各所で見た。大槌町の宿は津波で失われ、場所を移して営業している旅館「小川旅館・絆館」。とてもいい旅館だった。名刺にはマネージャーと記してある小川勝己さん（59）、女将と記す京子さん（56）の人柄と料理が素晴らしい。私は料理旅館と記してもいいのではないかと思った。食堂には京子さんの調理師、栄養士免許証があった。ちなみに夕食は餃子、エビフライ、刺身、茸、キュウリの酢の物、豆腐・豚肉の鍋、モズクとオクラ、タクワン、ホヤ、柿のデザートなど食べきれないくらい。

震災で仮設生活をしていた時、食べ物の大切さがよくわかったのでお客さんに料理を満足してもらうよう心がけているとのこと。震災前の京子さんの実家である小川旅館は町の中心にあり、幕末から続いていた。

震災の当日、勝己さんは勤め先の釜石に、弘前大学学生の長女は弘前で下宿していた。長男は高校生、小学生の次男は卒業式で学校に行っていた。家にいた京子さんは地震がくると旅館に鍵をかけて城山にかけ上った。その後、津波がきて大槌市街の多くの家は流され、残った建物も火災に遭った。長男、次男の行方はわからなかった。翌日、実家のある釜石から戻った勝己さんは、別々の場所にいた妻、長男、次男を探しあてて家族は合流できた。再会まで離れ離れになっていた親子の心配は想像に余りある。知人の土地を借りて現在の小川旅館を２０１２年12月にオープンした。しかし住宅地に建てられているために仮設扱いとなり、行政のマニュアルでは来年の３月31日に退去しなければならない。設備投資に銀行からお金を借りているので、来年撤去となれば借金だけ

解体されることになった大槌町の役場庁舎。庁舎前の仏像、地蔵に花が活けられ線香の煙がただよっていた。2018年10月11日

が残る。それがいちばんの心配という。

家が流された場所に野菜を

10月11日（木）大槌町―釜石市　解体か残すべきかで揺れていた大槌町の庁舎の解体予算が決定した。町長と職員40人が犠牲となった庁舎を見るのはつらいという遺族と、津波の悲劇を記憶するために残した方がいいという声がある。壊してほしいという遺族の気持ちはわかる。

沖縄では、集団自決で生き残ったが口を閉ざす人々は多かった。私もそのうちの数人を取材した。サイパンで家族の集団自決を目の当たりにした石川静子さんは、私のたっての願いで涙ながらに重い口を開いた。私の目的は悲劇を次の世代に伝えることだった。そして長野県・下諏訪の向陽高校で全生徒に静子さんのことを話し、生徒たちの感想文を全部静子さんに送った。静子さんが話してくれたのは戦後45年の時だっ

たが、静子さんは涙で言葉が詰まる状態だった。生徒たちの感想を読んで静子さんは、話してよかったと言った。東日本大震災からまだ7年が過ぎたばかりである。大勢の人の記憶はまだ生々しいのだろう。でも、次の世代に自然災害の恐ろしさを伝えるために残しておく方がいいと私は思う。

10月12日（金）釜石市―大船渡市吉浜　現在は日本製鉄東日本製鉄所となっているが、１９５９年、都市対抗野球大会で富士製鉄釜石が準優勝したので、鉄の街・釜石市として印象に残っている。ホテルに近い工場からモクモクと白い煙を出していた。国道の近くに鉄の歴史館があったので寄ってみた。鉄文化の黎明《れいめい》、近代製鉄の歴史、鉄と豊かな暮らし、製鉄産業と釜石などをテーマに展示され、パノラマスクリーンで記録映画も上映されていた。ロビーから釜石市を見下ろす大観音像の後姿が見えた。

10月13日（土）吉浜―大船渡市　吉浜の民宿がよかった。吉浜には民宿が3軒あったが2軒はやめて、今、泊まることのできるところは「川古荘」だけとなっている。女将の松川保《やす》さん（73）によると、津波は民宿のところまではこなかったが、下の漁港の船は全滅。夫は釣り船を持っていたが、今年やめ、息子は県庁、孫は市役所に勤めている。釣りの客が多かった。震災直後は仕事の人もいたが、この辺の仕事が終わり今は来なくなったとのことだった。

清水という場所に来た。海のすぐ近くの小さな畑で農作業をしている婦人がいた。この辺も津波の被害があったのかと聞くと、「ここに私の家があったが流された。そこに野菜を植えている」と言った。その時の状況を聞きながら、あなたの家でも被害に遭った方がいるのかと尋ねると、急に口を押さえて涙をこらえていた。

私は今回の旅で肉親に被害を受けた人からまだ直接に話を聞いていなかった。40歳前後かと思われるその人の話を伺いたいと思ったが、とても話す心境ではないと言う。私が見たり聞いたりしたことを多くの人や次の世代に伝えることを義務と考えている。ベトナムや沖縄での体験を話した。そのことはよく理解したようだが、話せない状況がわかったので残念ながらあきらめた。「困難に負けないよう頑張ってください」と言うと「ありがとうございます。話すことができなくてすみません」と私を見送ってくれた。まだそういった人がいることを実感したが、大槌町庁舎の解体を望んでいる人にもつらい気持ちがあるのだろうと思った。

10月15日（月）　大船渡市—陸前高田市　ところどころで大船渡線のさびた線路がそのまま残っているのが目に入った。震災前は様々な思いを持った旅人、学生、仕事などの人々が利用したことだろうと思うと、放置された線路が可哀想だった（２０２０年4月に鉄道事業廃止）。

陸前高田に近づくにしたがって、防潮堤、土の盛り上げ工事の規模が大きくなった。陸前高田市では全壊３８０１世帯、一部損壊も含めると全世帯の99・5パーセントが被害に遭い、市庁舎、学校、病院など多くの公共施設が破壊され、行方不明も含め１７５７人が犠牲になっている。私は１９７６年1月、１週間陸前高田市に滞在して、市内に住む人を店や公共施設の前で撮影して『アサヒグラフ』に発表した。今回、その人々の消息を知りたいと陸前高田市に２泊した。

10月16日（火）　陸前高田市　一昨年取材をした、創業１００年になる柴田表具店の柴田康宏さんを訪ねた。陸前高田市で生まれ育ち、各家の表具の納入、修理などをしてきた康宏さんは市内の情報に通じている。康宏さん、奥さんの茂子さん、愛犬のハルとの再会。元気な姿を見て嬉しくなった。

康宏さんは母のテル子さん、茂子さんと共に高台の方向に逃げる途中、動けなくなった2人のおばあさんを助

け た 後、第2波の津波に流された。工場の中に浮かび上がったので、屋根と海水の間で呼吸して助かったという九死に一生の経験を持っている。

康宏さんはだんだん仕事が少なくなったという。表具は旧家の屏風、掛け軸を補修し、襖《ふすま》、障子を張り替えたり製作したりするのが主な仕事だが、旧家が津波で流され、新築の家や高層住宅に住む人も、掛け軸をかける床の間をつくらなくなった世代交代が原因とのこと。それでも掛け軸、障子など日本文化の再認識に期待をかけ仕事を続けている。

42年前、高田市で大きな呉服店を営む丸乙《まるおと》呉服店の前に立つ若女将の菅野久美子さん、駅前にある和光堂写真店の高校2年生・菅野実千代さんには駅のホームに立ってもらった。ほかに黄川田薬局の薬剤師・黄川田裕美子さん（当時23）、写真撮影に訪れた花嫁姿の古田なみ子さんほか、市役所の職員、酒醸造所の職員を撮影した。和光堂の主人菅野さんは康宏さんの父と同級生だったが、和光堂の菅野夫妻は津波で亡くなった。丸乙呉服店の久美子さんの行方はわからない。隣にあった和菓子の「菅久」を訪ねた。新しい商店街で営業を始めている。「菅久」でも久美子さんの行方はわからなかった。

新しい黄川田薬局は高台にある明るい建物だった。4人の若い女性が仕事をしている光景も活気があった。薬局の代表で薬剤師の黄川田聡太さん（36）は災害時、薬剤師として東京にいた。母と兄が津波で亡くなった。震災の後に帰ってきて母と兄を探した。また東京に戻り、今年の4月に薬局をスタートさせた。ほかの人々とも協力して陸前高田市の活性化に役立ちたいという。聡太さんの母とばかり思っていた42年前に撮影した裕美子さんは、母・芙美子さんの姉だった。裕美子さんは健在で、茨城県に住んでいるとのこと。

10月17日（水）陸前高田—気仙沼市　新しい街づくりをしている方向から歩いた。高い場所に住宅や店をつく

陸前高田市の「奇跡の一本松」。見学の人が多い。被災地復興を願う他県の人たちだった。2018年10月17日

り、低い位置では盛土をする。災害前の市街地は全てなくなり、街全体が変わる大仕事である。大勢の人が早朝から働いていた。

道から「奇跡の一本松」が見えたので、近くへ行った。一本松に関する説明板が立っていた。陸前高田の松原は350年前からあり、7万本が並ぶ風景は日本百景にも指定された。大震災で全ての松が流されたが1本だけ残り、「奇跡の一本松」と呼ばれ、復興への希望の松となった。しかし根の腐敗が進み枯死と判断されたので、プロジェクトチームによってプラスチック、ステンレス、合成樹脂などで強化された。高さ27メートル、枝や葉も複製されていた。道路からかなり歩かねばならないにもかかわらず、私がいる間も10人近くの見学者が来ていた。

防潮堤に思う

10月18日（木）気仙沼市——大谷《おおや》海岸 岩手県、

宮城県の各所で防潮堤建設工事を見て歩きながら、いくつかのことを考えた。そのひとつは日本の国力の強さだった。爆撃で破壊された北ベトナムの都市は復興に長い年月を要していた。たくさんのトラックが土を運ぶ、トラクターが土を盛り上げる、重機が動く、防潮堤の鉄骨を組む、コンクリートを流す……。どの機械も日本の工業力で製作されたものである。場所によっては巨大な防潮堤の下で人間が米粒のように見えることもあった。上に乗ってその高さに驚いた防潮堤もあった。

税金が使われているこの工事で、建設会社は大きな収入を得ているだろうと思った。工事には多くの人が関わり、その人たちの収入で日本の消費経済が動くかもしれない。

一方、素人考えだが、このような場所に防潮堤が必要なのだろうかと感じることもあった。農地を守る堤防ということだったが、周囲に広い農地も見られなかった。

地元の人は防潮堤をどう考えているのだろうという疑問を持ちながら歩いた。4対6で賛同者が多いのではないかという新聞記者もいた。気仙沼市では県の防潮堤建設に対し、復興まちづくり協議会が合意した高さに反して建設されたことに抗議を続けていると聞いて、協議会の話を聞きたいと思った。市の土地区画整理室が窓口になっているとのことだったので、気仙沼本吉民主商工会の高橋秀雄副会長、赤間祐子事務局長と市役所を訪ねた。佐藤勉室長が資料を用意し丁寧に対応し、説明を受けた。

市民の中には防潮堤不要論もあったが、協議会は海面からフラップゲートを含む5・1メートル、陸側から目の高さ1・3メートルで防潮堤建設を合意。フラップゲートは、平常は折りたたまれ、津波に襲われた時に高くなるという。しかしその後、地盤隆起があったので、防潮堤の高さを22センチ下げることになったが、工事はそのまま進行して312メートルのうち160メートルが完成した。22センチ下げることを県は工事側にメールで伝えたが、伝わっていなかったのか、不明のまま。協議会の抗議に対し県は壁を削ると費用もかかるので22センチ土地をかさ上げして目の位置の高さ（108センチ）を守るとしている。市としては住民の側に立ち、何故設計ミスが起こったかを追及した。協議会側の文書に住民の間に防潮堤不要論も記されていることを知った。

10月19日（金）大谷海岸—大須海岸 松岩漁港の防潮堤の横で獲ってきたタコの頭を裏返している漁師さんがいた。千葉善広さん（69）は、サンマなどの切り身を籠に入れて海底で動かすとタコが入ってくるという。千葉さんはワカメの養殖を本業としている。津波の時は孫を背負って高台へ逃げた。その時、船はどうなってもよいと思ったという。家や船は流された。この村では犠牲者はなかった。

何のために防潮堤をつくったのか。1000年に1度来るか来ないかの津波のために巨大防潮堤が造られ、海は見えず、船をあげる浜もなくなったと嘆く。防潮堤の近くには家を建てることが許可されない。前は船まで歩いて行けたが、今は高台の家から自動車で来なければならない。以前は大きな船を持ち、カキも養殖していた。被災後、小さな船を買い、家を新築した。船は6割援助が出たが、それでも船と家を合わせて1億円ぐらい借金になっている。息子が後を継いでくれるが、借金も残していくことになると語った。高台にここまで津波が来たという柱が立っていたが、防潮堤の高さを遥かに越えていた。前に寄った港でも防潮堤の前に住んでいた人が、「前の防潮堤に2メートル継ぎ足しただけ。それより高い波が来たら意味ない」と言っていた。防潮堤で儲かっているのはゼネコン、観光客が来なくなるという声も聞いた。そのお金をもっと住民の生活がよくなるように使ってほしいと、防潮堤に対する不満は多い。

以前からぜひ一度訪ねたいと思っていた石巻市の大川小学校を見た。校舎の厚い壁が崩れ、鉄骨が曲がっている。あらためて津波の破壊力を知らされた。犠牲になった子どもたちが想像され、胸が痛くなった。校舎だったところに碑が立っている。死亡70人、行方不明4人、教員10人死亡。海から大川小まで3・8キロ、地震発生14

時46分、津波到達15時37分、当時の全校児童数１０８人。先頭の児童が津波に襲われるまで移動した距離は１５０メートルと記されていた。

津波の前に児童によって描かれた壁画が残っていた。将来を予想したのか、花嫁、花婿姿、手を繋ぐ世界の人々など。その絵を見て、また目頭が熱くなった。助かった児童が上がったという裏山は学校のすぐ裏だった。何故、橋へ向かったのか。大変残念に思った。校庭に亡くなった児童の名を記した碑があると聞いたので探したが、時間がなく見つからなかった。

10月20日（土）大須海岸―女川町　昨夜大須で泊まった旅館近くにある灯台と漁港へ行った。大浜の近くの海産物所でカキの殻を洗っている人たちがいた。「私はネパール人です」と上手な日本語で話しかけてきた。私が日本縦断徒歩の旅をしていると聞くと、一緒に歩きたいなとうらやましそうな表情だった。

雨が激しく降り始めたが、雨宿りするところがない。木の下で濡れながら雨支度をした。分浜《わけはま》漁港の近くで国道に出る道を聞こうとすると、その人は雨の中の高い階段を上り、神社の周囲の掃除を始めた。下りてくるのを待っていると、雨が止むのを待っていないかとプレハブ小屋へ入れてくれた。分浜には44戸あったが、高台の2軒を残し、みな流された。震災前の写真を見せてもらったが、船大工というその人の大きな工場が港の近くにあった。その時は60隻の漁船があったが、今ではそこに見えるだけになったという。見渡すと10隻くらいだった。

新しい船を買うと補助金が出るが、それだけでは買えないので借金をしなければならない。災害後、漁業をやめた人が多いという話を各所で聞いた。今は石巻市に住み、仕事場として小さなプレハブをつくったが、ほとんど仕事はないと寂しそうだった。

大川小学校の2001年の卒業生たちが描いた宮沢賢治の童話の絵。亡くなった子どもたちも毎日この絵を見ていただろう

10月22日（月）女川町―石巻市　昨夜はトレーラーハウスに泊まった。女川《おながわ》駅前から海上方向に約40軒の商店、レストラン、居酒屋などが並ぶ「海が見える公園のまち」があり、地元の人、観光客が訪れていた。「女川原発の再稼働の是非は県民投票で」と住民運動に取り組んでいる元小学校教員・高野博さんの案内で、地域医療センター（女川町立病院）と女川原発へ行った。日本縦断で歩くことが私の目的だが、80歳の体験としてできるだけ多くの人の力を借りてその土地の状況を知りたいと考えている。

震災の1年3ヶ月後、宮城県を取材した。その時、高台に建った病院から海上方向を撮影した。中心地には何もなくコンクリートで頑丈につくられた2階建ての警察署が横倒しになっていて、津波の恐ろしさを伝えていた。今、女川町は各所に復興の兆しが著しいが、倒れた警察署を災害の象徴として残すという。医療センターの1階18メートルまで水が上がり、その高さ

2011年３月11日、被災した石巻日日新聞は震災翌日から手書きの壁新聞を発行。その紙面が同社に残っていた。当時を説明する平井美智子さん

の位置が示されていた。病院の前に集まっていた自動車は流されて犠牲者も出たとのこと。

医療センターから高台に立つと住宅地が見える。最高時、人口は１万８０００人だったが震災後は１万人、現在は他の地へ移住した住民もいて約６０００人。ホタテ、カキ、イカ、サンマなどの水産加工会社が操業し、収益も震災前を上回っているとのことで、人口も増加すると町は期待している。

漁港のすぐ前に女川原発があった。

震災では女川原発の事故はなかったが、外部電力５回線のうち１回線だけが稼働可能となり冷却を続けることができた。原発は14・８メートルの位置に建っていたが、地盤沈下で13・８メートルになった。津波は13メートルの高さで80センチの差で浸水を逃れることができたという。原子炉冷却用取水口は海面６メートル下についていたが、住民の要求で４メートル海底を掘り下げさせたので津波が建屋まで上らずにす

んだのではないかという。この住民の指摘を会社側も認めているとのこと。現在建てられている壁も区間の両側は岩盤まで杭が打ち込まれているが、その中間は岩盤に届いていないので、津波に壊される危険性があるという。原発問題住民運動宮城県連絡センターでは現在200万人の県民の2パーセント、4万人で原発の再稼働は住民投票で決めようと呼びかけている。女川町では、有権者5700人のうち、必要数2パーセント114人の3倍以上の400人が集まっているとのこと。高野さんと別れた後、私の住む長野県諏訪市の近所に住む小林義雄さんと合流して石巻市まで一緒に歩いた。

10月23日（火）石巻市—東松島市矢本　小林さんと石巻市の石ノ森萬画館へ行った。石ノ森章太郎は宮城県出身。私と同じ年齢なので同時代を生きてきたという親近感がある。石巻市街に石ノ森が描いたキャラクターののぼりがかかげられ、石巻市復興を励ましているようだった。

小林さんと次の宿のある矢本まで一緒に歩いた。小林さんは室町時代から江戸時代にかけ、朝鮮から送られた外交使節団の韓国—釜山—対馬—東京コースをウォーキンググループで何度も歩いている徒歩のベテラン。途中、休憩する場所がないので道路脇の石の上に座ってにぎり飯の昼食をとった。

被災地の新聞社を訪ねる

10月24日（水）東松島市矢本—東松島市宮戸　自らの会社も災害にあいながら、震災の翌日から壁新聞をつくり、市役所、避難所、学校、コンビニなど6ヶ所に貼って震災の状況を知らせた石巻日日新聞の展示場を訪ねた。その時、社員は全員で30人、記者は7人だった。社屋の倒壊は免れたが、2階建ての1階は浸水した。停電で輪転機も作動しなくなり、１畳ぐらいの紙に手書きした新聞を17日まで続けたとのこと。その実物や、記者が撮った写真などが展示されていた。

当時、報道部デスクだった平井美智子さんが説明してくださった。当日、平井さんは、避難した人が集まっている日和山公園に行った後、市役所に行った。６階建ての市役所の４階に記者クラブがあり、日日新聞ほかの記者もいた。市役所で集めた情報や市民の声が翌12日の壁新聞となった。停電のためテレビ、ラジオはつかない。新聞も発行されず、市民は周辺で何が起こっているのかわからない。市民の知りたいことを伝える。これが壁新聞の役割だった。17日後はＡ４の新聞を家庭用プリンターで２００部刷った。震災前は１万部発行していた。19日から輪転機が動き出した。災害時、家庭より取材を優先させた記者たち。第三者に状況を伝えるというジャーナリスト精神によるものだった。記者ノートに「戻る途中の車が波にさらわれ流された。小舟にしがみついて助かった」とあった。車が燃えて焼けただれた腕章や、水につかって動かなくなったカメラも展示されている。

災害住宅など各所を案内をしてくれた
佐藤芳男さん（右）と中川邦彦さん

10月25日（木）東松島市宮戸―塩釜市　８時半に宿をスタートした。途中、工事のトラックの交通が激しい。各所で防潮堤をつくっていた。東松島市の野蒜《のびる》に着いた時は丁度12時だった。犠牲者が１１１０人、行方不明24人となった東松島市災害を伝える震災復興伝承館へ寄った。建物は全壊、半壊、一部倒壊を合わせると１万４５８１棟になるという。被害状況の写真が展示されていた。展示館に近い野蒜駅の線路が曲がっていた。

10月26日（金）塩釜市—仙台市　これまで震災にあった人々の記事を読み、映像でも見てきたが、被災者の話を直接聞きたいと思っていた。しかし、人の家を突然訪ねることもできない。そこで被災者の支援活動をしている佐藤芳男さん、中川邦彦さんに紹介をお願いした。

七ヶ浜町の小豆浜でサーフィンを楽しんでいる若者たちがいた。巨大な防潮堤の建設で浜辺がなくなって寂しいという声を各所で聞いてきたが、浜辺が残っているのは心の和む光景だった。菖蒲田浜《しょうぶたはま》で釣り具とエサ店を営業している福来《ふくらい》進さん（72）は、車に乗っていて津波に流され沈みかけたが、アイスピックで窓を割り逃れたところをトラックの上にいた人に救われた。津波が襲ってきた時、福来さんは仙台市内のもう一軒の店に妻、息子夫婦といて、地震後に菖蒲田浜の店に来る途中だった。七ヶ浜町では約１００人が亡くなっているとのこと。福来さんが救われた時、運送会社の事務所の2階には、流れてきた発泡スチロールの箱にすがって助かった人など13人がいた。暗くなったので灯油で灯りをつけ、翌日6時半頃までいた。水が引いて腰までになったので、歩いて菖蒲田浜の店まで来たが、土台の一部を残してあとは破壊されていたと、その状態の写真を見せてくれた。その後、避難所での生活をしながらその年の5月には店を補修し、7月から営業を開始した。すぐ客は来なくても、店を再開することは希望でもあり、生きている証《あかし》でもあった。津波は、第1波は5・6メートルと低かったが、第2波が12メートルぐらいの大きな波になったという。

松ケ浜公営住宅が並んでいた。たまたま若い女性が2人の子を車に乗せてきた。彼女はシングルマザーで、保育所に預けてあった子どもを一時、家に連れてきたという。家賃は2万円とのことだった。公営住宅は収入によって家賃が異なってくる。同じ場所の公営住宅にすむ橋本功さん（76）は家賃８０００円。以前はタクシー会社にドライバーとして勤務していた。年金は一ヶ月13万円。介護保険料、高齢者医療保険料、県民・住民税、水道代、ガス代、電気代などを引かれるので、生活を楽しむ余裕はなく、食費も制限しているという。部屋は洋室・和室各6畳、キッチン6畳、玄関、トイレ、浴室があった。橋本さんは独身。地震の時は歯科医院から戻る途中だった。津波で高台に逃げたが、家は流された。

七ヶ浜町の先、多賀城市八幡でトレーラーハウスのレストラン「じゅげむ」を営み、自ら料理もする小野崎恭子さんは、女川町で津波にあい、母と妹、姉と姉の子を失った。恭子さんは、家は流されなかったが、周囲は水で3時間は動けなかった。長男、次男は石巻市の学校、長女は家にいたが、次女はまだ中学校にいた。恭子さんと4人の子全員が揃って会えたのは津波の一週間後だった。旅館を経営していた母と妹の遺体はまだ見つかっていないので、どこかで生きているのではないかと思う時があると言った。以前、澤田教一カメラマンがカンボジアで亡くなった時、妻のサタさんが「荼毘《だび》にふされた遺骨しか見ていないので、澤田がまだ生きているような気がする」と言っていたことを思い出した。恭子さんは話しながら時々声をつまらせたが、私も聞いてまぶたが熱くなった。

10月27日（土）仙台市─名取市　朝から雨だった。荒浜小学校が災害記念館となっていた。生徒は全員屋上に避難して助かったという。海岸の近くには慰霊碑が建ち、津波で亡くなった人の名が刻まれていた。年輩者が多いが、中には4歳の子も含まれていた。

10月28日（日）名取市　福島で宿を決めるなど支援してくださる後藤勝彦さん、橘三郎さんが宿泊所リストを持ってホテルにみえた。

漁船の「沖出し」の時のこと

10月29日（月）名取市―岩沼市―福島県新地町　午前8時30分、宮城県岩沼市から福島へ向かった。途中のポストか郵便局で速達を投函するつもりだったが、どちらも見つからない。これまで各所でポストも郵便局も見てきたが、いざ探してみるとないものだと思った。セブンイレブンにポストがあったが、回収は午前10時で1日1回。もう10時を過ぎていた。駅周辺に郵便局はなかった。亘理《わたり》駅のポストは1日3回。午後4時の回収に間に合った。

福島県新地町役場に着いた時は陽が落ちかけていた。地元の井上和文さんの紹介で、佐藤清孝副町長に新地町の復興の現状を聞いた。新地町の揺れは震度6強だった。新地町では全壊、大規模半壊、半壊の合計は516戸、犠牲者は118人だった。多くの人が家を失ったが、新地町での集団移転は地域のコミュニティーを維持するために、地区ごとの災害町営住宅の建設を計画したという。現在の人口は8387人。工業力としては新たに火力発電所60万キロワットの発電所2ヶ所の建設を進めている。LNG（液化天然ガス）基地建設中とのことだった。

10月30日（火）新地町―相馬市　太平洋に接した大戸浜の菅野いな子さん（69）を訪ねた。大戸浜では108世帯の家が被災している。多くは漁業である。震災の日、いな子さんは漁師の息子さんと漁から戻ってテレビで国会中継を見ていた。夫は漁協に勤務していた。地震はドーンと音を立て揺れたように感じた。築5年目の柱にすがりついて「マンジュロク、マンジュロク」とつぶやいた。いな子さんは宮城県亘理町の生まれ、故郷で地震が起こると「マンジュロク」（収まってくれるように）と祈るとのこと。息子さんは地震直後、漁船を沖に進める

「沖出し」に行った。大津波を船で乗り越えてやりすごすのは、私たちには考えられない大冒険である。昔から漁民に伝えられ、実行していたという。帰ってきた夫が、津波がくるぞと叫び、車で高台に逃げた。後から大津波が壁のようになって追いかけてきた。危機一髪、高台に逃げることができた。いな子さんは「30秒の差で助かった」と語る。いな子さんの家は、流出は免れたが、一階が浸水、家具は流され損壊がひどかった。小学校の体育館に避難したが、電気がつかず水が出ない。暗くなった体育館に肉親を探す声が夜通し響き、今でもその声が耳にこびりついているという。夫、息子が無事だったのは不幸中の幸いだった。夫は漁協から帰り、水門を閉めに行こうとしたが、いな子さんが止めた。もし水門へ行っていたら、津波に襲われていただろうと語る。

釣師地区の漁師、小野春雄さん（66）は、地震の後、息子と二人で沖出しに出た。船の下をくぐって行った波は、陸地や山が全く見えなくなる程の高さだった。港にあった漁船は流されたが、沖出しの船36隻中、34隻は無事だった。しかし小野さんの弟の船がエンジントラブルで操船できなくなった。「エンジンが動かなくなった」と弟の常吉さん（当時57）が知らせてきた。春雄さんは弟のエンジンが動くようになることを祈った。船は津波に立ち向かえば乗り切れるが、動かなくなり波に対して横向きになると呑み込まれてしまう。春雄さんは弟を励まし続けたが、返事はなくなった。常吉さんの家は高台にあり無事だったので、家を失った春雄さ

大勢の人が避難し助かった高台に立つ小野春雄さん。事故処理水の海洋放出に反対している

んはしばらく常吉さんの家に避難した。沖出しに出なければ、エンジンが止まらなければと、春雄さんは弟の不運を嘆く。常吉さんの家の近くに「命を救った坂」がある。周囲に住む人たちは、人だけ通れる（車は通れない）この細い坂を高地に向かって上った。春雄さんと一緒にこの坂を歩いた。高地から静かな海が見えた。

春雄さんたちは東電が汚染水を流すことに反対した。「政府は、汚染水は安全と言った。今、その水の処分に困っているが、安全であれば都民も一緒に皆で飲んだり風呂水にすれば処理の問題は解決する。福島の漁民は、試験漁業をしてその都度、獲れた魚の放射能を測っている。規定基準を超えたことはなく、安全が保証されているが、風評被害で売れ行きが悪い。隣の宮城県では検査をしていない。宮城、福島を回遊している魚もいるのに、福島だけが検査して、風評被害が続いている」。春雄さんは憤る。

「生業《なりわい》を返せ、地域を返せ」と国と東電に慰謝料と原状回復を求めた原告３６８５人（原告団・中島孝団長）による訴えに対する裁判の判決が、昨年10月に出された。１人１ヶ月５万円を原状回復までという要求だった。判決は国と東電の法的責任を認めたが、慰謝料は１人16万円打切りとした。訴訟は２０１３年から始まっていたので、原告団は１年60万円の４年分、２４０万円としており、控訴した。第一審では会津地方の賠償が認められなかった。会津は椎茸の原木を他県へ販売しているが、風評被害を受けている。

中島孝さんは相馬市内でスーパーを経営している。震災の時、かなり揺れて、店内の商品が崩れた。整えて営業を続けたとのこと。12日に酒類を残し品切れとなった。断水を予想し、約10人の店員を動員してあらゆる容器に水をためた。５時に断水となった。電気、ガスは大丈夫だった。米は1年分確保してあったので、午前2時まで店を開けた。困っている人々に米を提供したいと思った。市場に大量の魚が冷凍されていたが、販売先の店が閉まり従業員は困惑していた。魚を引き取って被災者に低価格で販売した。大変喜ばれたという。

ふる里を返して

10月31日（水）相馬市─南相馬市鹿島区　元教員の木内秀史さんと浜通りの農産物供給センターを訪ね、三浦広志さん（59）と会った。ちょうど4、5人で米の検査をしているところだった。

三浦さんは小高区で代々米作り専業農家を引き継いでいた。震災当日は税金の申告で相馬税務署へ行った。地震後だったがガレージで受付をしていた。書類は細かく見ることもなく申請は通った。

携帯で家族に連絡すると、家は地震と津波で失われていたが、家族は無事で、福浦小学校に避難していた。山を2つ上り下りして歩いて避難所に辿《たど》り着き、家族と会った。各地の避難場所や仮設住宅を移った後、南相馬市に家を構えた。

2012年から県は米の検査を始め、現在各地200ヶ所に検査器があり、米の収穫期に放射能を測って販売している。国の基準を下回り、安全は確保されているが、風評被害を受けているとのこと。震災前は大阪で米を販売し、福島のコシヒカリはうまいという評判を得ていた。今は子どもの健康などに敏感な親が他県の米を買う傾向がある。しかし業務スーパーや食堂など、業務用は福島のうまい米として扱われているとのこと。米の検査場の前に、袋に入った米が山と積まれ、次々と検査が進み活気があった。

海の近くの、荒れた水田の復元工事をして、三浦さんほか5軒の農家が稲作を計画しているという。今はその近くで綿花を栽培し太陽光発電もしているというので、その土地を見にいった。三浦さんの娘さんが綿花を摘んでいた。アメリカ映画では南部で黒人が綿花を摘んでいる場面をよく見たが、同じように白い綿が枝についていた。米、野菜、果物、ほかに綿花でも何でもいい。福島の農業の発展を願う気持ちになった。

11月1日（木）南相馬市―南相馬市小高区　小高駅前通りを歩いた。２０１２年6月に来た時、メインストリートの商店街は、倒れたり、一部破損した店が多く、人影は全くなく無人の市街となっていた。生徒たちが通学に駅まで使っていたと思われる自転車は、乗り手がいなくなり寂しそうに見えた。ほとんどが倒れたままになっていた。

昨年から帰還区域となった商店もあるが、空地も多い。作家の柳美里さんが経営しているブックカフェ「フルハウス」があったが、閉まっていた。出かけていたのかもしれない。

「フルハウス」の先に、鈴木安蔵が住んだ、大正時代に建てたという古い家があった。地震によく耐えたと思う。

現在の日本国憲法はマッカーサー司令官による米軍を主体としたＧＨＱ（連合国軍最高司令官総司令部）施政下にあった時、アメリカによってつくられたといわれていた。私はそれでも戦力を持たないという九条などいい憲法だと思っていた。しかし、実際は現在の南相馬市小高区で生まれた憲法研究者・鈴木安蔵たちが研究して作成し、１９４５年12月28日に新聞でも発表された「憲法草案要綱」が土台になっているという。「憲法草案要綱」はＧＨＱを通しアメリカ国務省に送られ研究されたそうだ。小高で鈴木安蔵の家を見て資料を読むと、日本国憲法はアメリカによってつくられ、押しつけられただけのものでないということがわかったような気持ちになった。

小高、福浦、金房《かなぶさ》、鳩原《はとばら》の４つの小学校の生徒が一緒に同じ教室で学んでいる学校があった。山本秀和校長（50）によると、現在の1年から6年までの生徒は69人。校長は1人だが教頭は4人。震災前はそれぞれの学校を合計すると７１７人だった。震災後、各校とも仮設学校で学んでいたが、帰還可能になったので、昨年からこの学校で授業を始めた。生徒が多い方がいろいろな子と触れ合えるなど、生徒にとってプラス面が多いという。

中学校は1校。

近くの同慶寺では元は檀家として周辺に住んでいた人々が毎月1日と15日に集まって掃除をしている。今は皆、住居は各地バラバラになっているが、この日は同窓会のように集まるので楽しい日という。皆さんお茶の時間で菓子や果物を食べていた。住職の田中徳雲さん(46)は先代から同慶寺を継いできたが、災害後、いわき市に移った。そこには子どもの生活もあるので、1時間半かけて毎日通ってきているとのことだった。

2015年に取材した南相馬市原町の「リサイクル・エポック」へ寄った。舘内俊博さん・薫子さん夫妻は、震災前は家具店を経営していたが、震災後は茨城に避難していた。

「リサイクル・エポック」の舘内薫子さん。2015年2月に取材して以来の再会

斎藤房子さんが夫の憲夫さんと営む川俣町の斎藤牧場。震災後一時牛乳が売れなかったという

以前に住んでいた地域が帰還可能になったので、原町に戻りイオンで家具店、国道6号道路の脇にあるこの店で、リサイクル店を始めた。俊博さんは留守だったが、薫子さんは経営が非常に厳しいと言った。以前、一時は3000人もいた工事の人たちが出入りしていた。その人たちも工事用住宅に住むのに必要な生活用品を買いに来ていたが、工事が終わってどこかへ移っていったという。

人口が少ない。震災後、ほかに住んでいた人たちはそこで生

南相馬市・小高区の吉田正夫・愛子夫妻。ふる里に戻っても以前の家は失われ友人たちは遠くに移りさびしい思いでいる

活基盤をつくり、戻ってこないという。この人口減が解消されないうちは、店の経営も苦しくなる一方という話を聞いて、寂しくなった。私にも方法はわからないが、福島の復興と人口増を願うばかりだった。

　2年前に取材した「斎藤牧場」へ行った。斎藤房子さんとは、2015年に沖縄、福島、関東のグループと一緒にベトナムを旅行した。2年前は房子さんが早朝に採乳している様子などを撮影した。再会して、房子さんの元気な様子を見られて嬉しかった。現在、牛は23頭。そのうち仔牛が4頭。以前のように毎日、午前と午後に採乳している。また会うことを約束して別れた。

　昨年、ふる里の小高に家を建てて帰ってきた吉田正夫さん（80）と妻の愛子さん（75）にお会いした。正夫さんは私より3日早い生まれだった。偶然同じ年、同じ月の誕生日で「たまげたなぁ」と言って笑った。正夫さんは6代目の建具、木工業。昔でいう大工さんである。

　震災時は自宅で仕事をしており、グラグラとしたので外へ飛び出し空地に座り込んだ。愛子さんは税金の申告に行っていた。申告を済ませ、急いで友人の車に乗せてもらい家へ向かった。

　避難指示の放送がないので、どうしたらいいのかわからなかった。翌日12日、ドーンと音がした。原発1号機の爆発がテレビに映っていた。原発の爆発後に避難放送があり、高台にある工業高校の体育館へ避難した。次に南向台の小学校、松川町体育館、近くの旅館へと移り、今、以前住んでいた場所とは違うが、ふる里へ戻って来た。しかし知っている人は各地に住み、以前のように顔見知りで集まることもできない。ふる里の面影がなくなり、自分のふる里のように思えなくなった。「兎追いしかの山　小鮒釣りしかの川」という「ふるさと」の歌を聴くとつらくなる。ふる里が嫌いになってしまうので、その歌を聴かなくなったという。ほかの地区で「原発事故でお金が貰えて、新しい家が建てられてよかったね」と言われたが、古い家でも昔の家がいい。ふる里を返して下さいと、東電と政府に言いたいとのことだった。

大きな無人の家

11月2日（金）南相馬市―浪江町　浪江町行政区長会会長・佐藤秀三さんの案内で浪江町の中心街を回った。町には震災当日のままで残っている商店、すでに解体されて空地となったところが目立ち、中心街の賑わいが見られなかった。文房具店には指定学校の制服が埃《ほこり》にまみれて衣紋掛けに下がっていた。酒場では酒瓶が並び、テーブルには塵《ちり》が積もっていた。おそらく夜は酒を飲む人で賑わっていたのだろうと想像された。顔馴染みの客もいただろう。その人たちや他の店の経営者は、今どうしているのだろうと想像した。

新しい郵便局が営業を始めたが、利用者の姿が見られなかった。大きな病院の解体工事が進んでいた。医師が集まらないのだという。病院、学校、商店、銀行など、生活に必要な場所が整備されないと人は戻ってこない。病院の解体に将来の街づくりの不安を感じた。

２０１２年に取材した、吉沢正巳さんの「希望の牧場」へ向かった。吉沢さんは私が歩いて牧場へ近付くのを待っていて下さった。６年ぶりの再会だった。以前と変わらず元気がよかった。牧場には太った牛が集まってパイナップルの皮を食べていた。パインの加工工場から運ばれてくる。牛は２８５頭いるとのこと。肉牛として販

福島県浪江町の中心街にある酒場。酒瓶が並んだままになっていた。店主は戻ってくるのだろうか。2018年11月２日

売できない牛をなぜ飼っているのか。原発事故以降、原発から20キロ以内で飼育していた家畜は処分するようにという伝達があった。多くの牛や豚が殺された。処分されないペットもいた。殺す、殺さない。同じ命を持った動物への差別になる。吉沢さんは殺さない方法を選んだという。牛の寿命は自分の寿命でもあると考えているとのこと。

「牛のゴジラ」と呼ぶ牛の模型を乗せた宣伝カーがあった。明日、国会前へ行って核廃絶を訴えるという。今年の8月、町長選挙に立候補もした。落選したが、浪江町の再建、原発などに対する自分の思いを有権者たちに伝えたかったという。

月2、3回、全国の学校へ講演に行く。岡山市の中学校にも5、6回行った。自分の生き方は自分で決めよう。できる限り行動すること。吉沢さんの話を聞いてから生徒会長に4人の生徒が立候補した。沖縄・辺野古へも行って皆を励ましてきたとのこと。

11月3日（土）富岡町　原発事故被害いわき市民訴訟原告団長・伊東達也さんの案内で富岡町の海岸、市街、第2原発前などを見た。災害前は町をあげて原発に賛同し、反対の声をあげるのが難しい状態だったという。

富岡の海岸には、資材を運ぶ船が放置されており、さびついて波をかぶっていた。船をすぐ移動させれば再使用できたが、入域禁止となり、解除まで動かすことができなかった。その賠償を求めた裁判で、持ち主の要求は認められなかった。賠償金を払うと船の持ち主は東電となり、撤去費用を東電で持つことになるからだ。

富岡駅と海との間に遮へい物がなく、まともに津波をかぶった駅や住宅街が流されてしまった。伊東さんの教え子の家が富岡駅前で中華料理店を営業していた。店は流失し、教え子の消息もわからなかった。心配していたが、ある年に福島市から年賀状が届いた時は、本当に嬉しかったそうだ。

放射能測定機を持って各所を案内してくれた伊東達也さん。富岡第二中学校前

今、常磐線の富岡～浪江間だけが線路がつながっていない。工事が終了して全線開通した時はこの一帯を列車の旅をしてみたい（2020年3月に全線復旧）。

富岡町内には無人の大きな家が何軒もある。みんな私の家よりも数倍立派である。仮設、災害復興住宅など、この人たちの今住んでいる家は、もっと小さい。高齢の人の場合、新しい家ではストレスで体調を悪くしないかと心配になる。道路で隔てられた右側は帰還許可区域、左側は困難区域と分かれている場所がある。何の基準で分けられているのかと思った。

第2原発の正面入口へ行ってカメラを構えると警備員が来て、撮影は禁止、撮影したかどうかデータを見せるようにと言った。

私は入口を撮影しようとしただけなのに、何故それがいけないのだろうと思った。撮影していたらそのデータを消せということは、以前であればフィルムを渡せと言われるのと同じことである。私はこれまでのカメラマン人生で、ベトナムでフィルムを渡すように言われたことは何度かあるが、一度も渡したことはない。他の国、国内でそのように言われたことはなかった。今回が初めてである。

この時、実は1枚だけ撮影してあった。私にとって特に重要な写真ではないが、消すわけにはいかない。消さなければ警察を呼ぶと言うので、どうぞ呼んでくださいと言うと、警備員の電話ですぐ2人の警官が来た。原発内部に待機している機動隊員とのことだった。

特に猛々しい態度ではなく、むしろ優しい感じでデータを消してもらえませんかと言った。警備員も警官も、私の身分を聞こうと迫ってくるようなことはなかったが、私は身分を隠す理由もないので名刺を渡し、北海道から沖縄まで徒歩の旅をしている者だと伝えた。

そのうち、2台のパトカー、1台の逮捕者を乗せると思われる金網のついた車、警官10人ぐらいが集まってきた。そのうちの1人が撮影した写真を見せてくれないかと言った。あくまで優しい口調だった。私も終始優しい態度で応じ話した。こういった時、怒鳴ったり口論してはいけない。彼らは逮捕のプロである。何か理由を見つけて逮捕する。

私も隠しておくことでもないので撮影したその写真を見せた。何故、正面入口を撮影してはいけないのかと聞くと、撮影禁止と書いてあるとのことだった。気がつかなかったので見てくると言うと、若いが駆けつけてきた警官の中では位が高そうな警官が一緒についてきた。かなり大きな文字で書かれた撮影禁止の看板が、道の両側に立っていた。私は案内してくれた人の車の後部座席で正面入口の方へ目を向けていたので、気がつかなかったのだろう。

もしその看板を見ていたら、私は撮影しなかった。正面玄関の写真はあえて撮るほどでもなかった。でもデータを消せということとは別である。入口正面でのやりとりが2時間ぐらい続いた。私はデータを消さなかったらどうなるのかと私に対応しているA警官に聞いた。私たちは発電所の要請によって来ているので、発電所側の判断とのことだった。その判断とは何かハッキリしない。

時間が過ぎていくばかりなので、東電の責任者に、何故、撮影禁止なのか聞きたいと警備員に伝えた。しばらくして、東電のBさんという人が来た。名刺は出さなかったが、東電の社員の警備担当者と言って首から下げている身分証明書を見せた。

「私たちは発電所を守らなければならない。撮影禁止に関しては、正面玄関の写真がテロなどに使われることも考えなければいけないため」とのことだった。私は気がつかなかったが、そういう考え方もあるかもしれないと思った。そこで、撮影した1枚を消す代わりに、私が見落とした撮影禁止と書かれた看板を撮影したいと言った。敷地内だからとそれも拒否された。それではデータは絶対消さないとハッキリ言った。B氏はしばらく考えて、撮影していいでしょうと言ったので、私は皆の前で1枚消して、看板を撮影した。私としてはデータを1枚消すことになったのは残念だが、テロ対策を理由とされたら、消す以外に方法はなかったと考えている。

11月5日（月）広野町―いわき市四倉　10月29日に福島県新地町に入ってから7日間、東日本大震災について多くのことを学んだ日々だった。目的を持って動いていると1日が長く充実する。

福島で多くの人の支援を受けて、原発事故後の現場を短い時間の中で効率よく見ることができた。感謝の一言に尽きる。震災後の宿泊施設を探すことも心配だったが、高台で災害を免れた旅館、新しく建てたホテルなどに泊まることができた。

友人たちと、そして未帰還の町へ

11月6日（火）四倉―車でいわき駅前・富岡町・浪江町　私は、友人たちは大切と考えている。いつも会っていなくても、その人たちと気持ちのうえで結ばれて毎日を生きている。友人はいくつかのグループに分かれている。①定時制高校同級生、いちばん長いつき合いである。亡くなった人もいるが、今でも時々会っている。②ベトナム戦争中、サイゴン（現ホーチミン市）に滞在していろいろな仕事をしていた人たち。③ベトナムから帰国後に会ったジャーナリストたち。④諏訪市とその周辺に住む創作者たち。

そして新たに毎年のベトナムツアーに参加した人々が仲間になった。その人たちとベトナム戦争中、収容した政治犯を虐待して話題となったコンソン島へ2016年に行った。昨年は中国国境のラオカイへ、今年はアンコールワットへ行った。その人たちから福島を一緒に歩きたいとの要望があった。私が短い時間でも福島で私自身が感じることの多かった場所へもう一度行くことにした。

これまでのベトナムツアーの参加者には講談師の神田香織さんもいる。香織さんはいわき市で生まれ、原爆体験を描いた漫画作品「はだしのゲン」も語っている。この日、神田さんのほか、労働大学事務局長だった荒畑勝・正子夫妻、高校同級生の濱田嘉一君を含め、11人が参加した。

午前9時、伊東達也さんの事務所に集合して、原発事故に関する東電、政府、市民の対応など説明を受けた。皆さん、わかり易かったと好評だった。

その後、三日前に伊東さんが案内してくれた富岡第二中学校へ向かった。災害当日、卒業式をしている時に地震、津波が起こり、式の途中で避難した。混乱したその時の状況が体育館にそのまま残っていて、生徒たちの驚いた様子が伝わってくる。今回、福島取材で深く印象に残ったところだった。正面校庭には、雑草とすすきが茂っていた。

現場を見ていると、その時の状況が想像されるという特徴がある。学校近くの「夜《よ》ノ森《もり》公園並木」を歩いた。桜並木の紅葉がきれいだった。通りの向こう側は帰還困難区域となっている。道路を隔てて帰還可能と困難区域に分かれている場所があちこちにあって複雑だ。

浪江町では、先週案内して下さった佐藤秀三浪江町行政区長会会長と一緒に帰還可能となった町の中心街を回った。閉店となったままの商店、解体されて空地となった元商店跡などを見て、復興の困難状況を皆さんあらためて感じたようだった。災害前2万1000人の人口のうち、帰還者は848人という。


11月7日（水）四倉―いわき市小名浜　6日に富岡町・浪江町を見たので友人たちの数人は帰り、6人が私の歩く行程に同行した。昨日はほとんど車で回ったが、今日、一緒に歩くことが実現した。海岸に沿った道をのんびり歩いた。途中で荒畑夫妻、板尾正純さんが帰り、中村洋子さん、片柳孝夫さん、濱田君の3人は歩行を続けた。

塩屋埼灯台近くは「ひばり街道」と呼ばれている。「悲しき口笛」を唄った頃の美空ひばりの像が立っていた。

塩屋埼灯台へ上る階段の下に、塩屋埼灯台を唄った「みだれ髪」の碑がある。濱田君、私、ひばりは同じ学年である。私たちはひばりの歌を聴きながら、同じ時代を育ってきた。だからひばりが50歳で亡くなった時、とても寂しい気持ちになった。新聞社時代、ひばりを撮影したことがあったが、感じのいい人だと思った。濱田君と並んでひばり記念碑の前で写真を撮った。灯台の上まで上った後3人も帰ったので、私ひとりになって夜まで歩いた。

11月8日（木）小名浜—植田—いわき市街　昨夜泊まった宿は、山間の静かな場所にある昔風の旅館だった。着いた時は暗くなっていたので気がつかなかったが、農具を収める小屋、白い壁の蔵、熟した柿の実をつけた木などのある風景が印象に残った。しばらく歩くと小名浜《おなはま》港近くの市街地に入り、大型店が並んでいた。

これまでに見た東北4県は、海と陸を結ぶ海岸線が防潮堤によって遮られていた。小名浜湾を過ぎると、大火力発電所の建設工事が進んでいた。その前の防潮堤に沿って、墓地があった。津波で流された墓地の再設と思われたが、新しい墓石の下には遺骨があるのだろうかと思った。

11月9日（金）いわき市街—双葉町—いわき市植田　第一原発に近く、いまだに未帰還区域となっている双葉地区。そこで生まれ育った大沼勇治さん（42）、共同通信の藤原聡さん、堀誠さんに同行し、双葉町へ行けることになった。防護服をつけるのは初めてである。いつも身につけている服の上から、白い上下の防護服を着て、靴カバー、帽子、手袋、マスクと全て白い。着替え室から出ると、係員が入域許可証に目を通してＯＫとなった。

これまでに立ち入り禁止の柵の前までは何回か行ったが、中に入ることはできなかった。今回は大沼さんが車から入域申請書を係員に見せると、柵をあけて中に入ることができた。

まず、双葉駅から近い大沼さんの家に行った。私たちは双葉町の通りにかけられた「原子力明るい未来のエネルギー」と書かれた大きな看板の写真をよく目にした。大沼さんが双葉北小学校6年生の時、宿題で考えた3案のうちのひとつ。優秀賞に選ばれ、町の体育館で表彰式があり、町の広報誌にも掲載された。当時は町全体が原発推進ムードで、反対派は少なく、町から敬遠されていた。

大沼さんは、災害当時は双葉に新築した家から相馬市の不動産会社に通っていた。地震・津波の後、いったん

人気のない双葉町駅周辺。着用が義務づけられた防護服姿で撮影した（撮影：堀誠）

2018年11月９日の福島第一原発。雨でかすんでいた

帰還困難区域の大沼勇治さんの家と大沼さん。2018年11月９日。避難当時のまま。ゴミを捨てる場所もない

無人となった双葉町役場の茂みに住みついたイノシシ。この当時は未帰還区域だった

会社に行き、家に帰った。勤めていた奥さんと家で会い、南相馬の道の駅へ避難した。その後、避難先が何度か変わり、現在は茨城県古河《こが》市に住み、太陽光パネル事業主となっている。

大沼さんの家はまだ震災当時のままで、家具や衣類が散らかっていた。今は古河に住んでいるので、解体を申請しているとのこと。大沼さんは原発事故の後、原発反対の声をあげている。大沼さんの標語をかかげた看板取り外しの動きを知り、当時の状況を知らせるためにも残すべきと考え、約７０００人の賛同者の署名を集めたが、撤去された。町長の説明では、状況が変わったので看板は外すが、壊さないとのこと。標語を書いた幕は福島県立博物館に保存されている。

大沼さんと一緒に駅から遠い街を回った。浪江町、富岡町と同じ光景を見たが、全く双葉には人がいないことが異なっていた。この状況では帰還可能になっても人々が生活できるインフラが揃うまではかなりの時間が必要だろうと思った。海の近くへ行くと、大規模な汚染土の除染作業所があり、除染された土が積まれていた。この膨大な土の袋の行く先はどこになるのだろうと思った。遠くから眺めた福島第一原発は、雨で霞んでいた。

帰りに防護服の着替え室へ戻ると、係員が測量器で体と靴の裏の放射能を測りＯＫとなった。

11月10日（土）植田―茨城県北茨城市磯原　いよいよ、今日で福島県とはお別れになる。福島で取材に協力してくれた人、旅の成功を願ってくれた人、福島の再興を願って頑張っている人々と会い、福島県への愛着が深くなった。心の中で福島の人々へ声援を送り続けていきたい。勿来《なこそ》海水浴場には砂浜があった。あちこちで防潮堤ができて、砂浜がなくなったという地元の声を聞いてきたが、砂浜には心を癒《いや》す何かがあるようだ。倍賞千恵子が唄う「浜辺の歌」や「秋の砂山」が好きだ。数人の男女がサーフィンを楽しんでいた。

海水浴場からすぐ近くの、長さ60メートルの平潟《ひらかた》トンネルをくぐると、少し先に茨城県を示す標識が見えた。

道路に県境を表す線が引いてあるわけでもない。それでも茨城県に入ったという気持ちになった。東北の各所に栗やドングリの実が落ちていた。道に落ちていた茨城のドングリの実を拾って、ポケットに入れた。

思想家、岡倉天心が明治に思索の場所として建てたという六角堂は、東日本大震災の津波で失われたが、再現されたと聞いたので寄ってみた。土曜日のせいか多くの人々が訪れていた。以前にも来たことがあるが、何年前かは忘れた。自然災害では文化財も失われる。この点は戦争と同じである。沖縄戦では首里城ほかの文化財が焼失した。ベトナム戦争も同様だった。首里城も復元された。

宿のある磯原の近くに、野口雨情記念館があったので寄りたかったが、時間が遅かったので通り過ぎて残念に思った。雨情の作詞した童謡「十五夜お月さん」、歌曲「波浮の港」、流行歌「船頭小唄」ほか、皆大好きで口ずさんでいた。磯原の生まれとは知らなかった。旅をしていると昔のいろいろな人と出会ったような気持ちになる。

11月11日（日）磯原　福島の体験をメモしながら原稿を書いた。

どこでも熟睡できる

11月12日（月）磯原—高萩市　福島県から茨城に入って3日になった。茨城でも東日本大震災では死者25人、全半壊21万棟と大きな被害を受けている。出発前、宿の人から色紙を頼まれた。一昨日、茨城に入った時、茨城新聞の記者とカメラの人から取材を受け、昨日、記事と写真が新聞に掲載されたからだった。「80歳。北海道・沖縄あるき旅。たくさんの出会い、旅は感動の宝庫」と書いてサインをした。

地元の新聞やテレビで紹介されると、旅の成功を励まされ、元気づけられる。コンビニで水と新聞を買って出てくると、男性が待っていて、ペットボトルのお茶と焼き栗をいただいた。新聞で知り、車から歩いている姿を見たとのことだった。自分も歩くことが好きで、会社を定年になってから部分的に日本海の道を歩いた、日本縦断はできないので、応援すると言ってくださった。その言葉が嬉しかった。

国道の横に並ぶ瓦屋根の大きな古い家が目についた。人気《ひとけ》のある家、空家になっている家があった。私の年齢の者にこのような家は懐かしい。戦時、戦後と小さな家に住んでいた私は、地元のこのような家に住める人が羨《うらや》ましかった。若者は都市に移り、残った老人は亡くなったのか、空家から時代の移り変わりを感じた。営業を中止した大きなレストラン、アパート、ガソリンスタンドもある。どこでも見られた光景だが、一時期は繁栄していたと思うと、日本経済が下降線をたどっている様子を見せつけられたような思いになる。

浜辺が見えた。砂浜にはハマヒルガオがツルを延ばし、波が打ち寄せていた。東日本大震災で、東北、関東の人たちは津波の被害を受けた。高台に移った人も多かった。自然災害は恐ろしいが、本来、海には夢があるように思う。小さい頃から波の彼方の国々に強い憧れを持っていた。しばらく砂の上に座っていると、心が癒《いや》されてくるようだった。

11月13日（火）高萩市―日立市幸町　国道沿いに空室になっている高浜公団住宅があった。1棟に20戸、6棟が並んでいた。恐らく老朽化しているので、解体されるのだろう。ここでも時代の変遷を感じながら、しばらく公団住宅を眺めていた。私たちの年代には、若い頃を振り返る特徴がある。それは日本の敗戦後の物質的に貧困な時代は、国民が夢を抱いて生きていたのではないかと思うからだ。

例えば、狭いアパートや借家に住む者にとって、公団住宅への入居は大きな夢だった。公団入居希望者に建築が追いつかず、申請資格が厳しく抽選も狭き門だった。1962年、私が勤務していたニュース映画社の新婚先輩カメラマンが、東京都内の公団に当選したので、引っ越しを手伝った。6畳と4畳半の日本間と台所、トイレ、風呂だったと思うが、水洗トイレと風呂が私には羨ましかった。当時、多くの住宅に風呂はなく、銭湯へ通っていた。万年筆や腕時計を買うのも夢だった時代と比較すると、今は夢が少なくなったように思う。

しばらく歩くと、小学生が校庭でサッカーの練習試合をしていた。お揃いのユニフォーム、ストッキング、靴。ここでも、ユニフォームもなく、破れたグローブで市内小学校野球対抗試合に出場した時を思い出した。そのグローブを宝物のように大切にしていた。

私はこれまでの人生を振り返って、昼間は毎日新聞社の運動部で給仕をしながら、定時制高校へ行っていた時がいちばんよかったと思っている。新聞社では運動部も含め、周囲の政治部、社会部、学芸部、写真部に尊敬する記者やカメラマンがいて、私もあのようになりたいと夢を持った。夢は希望、目的であり、年齢にかかわらず大切と思っている。

道路脇に車を停めて、老夫婦が待っていた。新聞で私の旅を知った、歩いている姿を見て待っていたとのこと。「頑張って下さい」とチョコレートをいただいた。

11月14日（水）日立市—東海村　徒歩の旅では、夕方旅館に着くと、すぐ風呂に入り食事をする。生ビールの中ジョッキと日本酒一合が最高の楽しみ。食事にはあまりこだわりはなく、用意された料理で満足する。ビジネスホテルの場合は風呂で汗を流した後、いちばん近い食堂か居酒屋へ行く。やはりビールと酒。適当につまみを注文し、最後におにぎりを食べる。

食後はすぐに眠る。どこでも熟睡できることが徒歩の旅を支えている。ベトナムの戦場でも、昼間は各地を歩き続けるので、田畑での野営では砲弾が近くで炸裂してもぐっすり眠ることがあった。

東海第二原発と住宅。福島の原発事故被災地を歩いた後、東海第二原発の運転20年延長の報せを知った。住宅地に隣接する同原発で事故が起これば大変なことになる

朝は自然に4時に目が覚め、前日にコンビニで買った新聞に目を通し、5時に起床する。前日は何もしなかったので、メモの整理、コースの確認、世話になった人へ葉書を書くなど慌ただしい。7時に朝食、8時30分に宿を出発という毎日である。

昨夜、海に沿ったバイパスを反射板のベストとヘッドライトをつけて歩いたが、歩道がないうえに交通量が多く、恐い思いをした（バイパスの歩行禁止を知らなかった）。でも海沿いを歩きたかったので、またバイパスへ行ったが、遠目にも歩道がないのがわかったので、戻って国道へ出ることにした。

駅前から、桜とけやきの並木が続いていた。南下して歩いているので、宮城、福島、茨城と晩秋の紅葉を見続けることができる。7月9日、北海道の宗谷岬をスタート。あの時は初夏で、ハマナス、エゾニュウの花が咲いていた。イタドリの若葉も茂っていた。今は色づいた桜の葉

が散ろうとしている。ゆっくり歩いていても、ここまで来ることができたのだなあと、感慨にふけった。

11月15日（木）東海村―ひたちなか市　話はさかのぼるが、福島県に入って2日後の10月30日、東電福島第一原発事故で起訴された東電元会長と2人の副社長の公判が、東京地裁で行われ、3人とも大津波は予想できなかったと無罪を主張したと報道された。

私は裁判のことはよくわからないが、大きな津波に襲われるかもしれないという試算もあったという報道を前に読んでいたので、無罪主張に割り切れない気持ちになった。

そして福島の浪江町、富岡町の帰還可能区域を最近見て、原発事故の恐ろしさをあらためて知った直後、原子力委員会が茨城県東海村にある東海第二原発の運転延長を認めたと報道された。東日本大震災後は運転を停止していたが、今後、防潮堤建設など安全対策をしてから再稼働するという。しかし原発の半径30キロ圏内に住む、約100万人近くの人口の避難計画は進んでいないそうだ。私は新聞社勤務時代の40年前、厳密な警戒のもとで営業運転開始準備をしていた東海第二原発の周辺を撮影したことがある。

茨城大学の文化祭で再会

11月16日（金）日立市―水戸市　のんびりと水戸市へ向かった。3・11地震で崩れた塀がそのままになっていた。新しく建て直した場所もあった。日立製作所の広い敷地と大きな工場があり、水戸刑務所の白い壁が続いていた。私は橋を渡る時は必ず川を見下ろす。時々、魚が見えるからだ。小さな魚のほかに大きな鯉がゆらゆらと泳いでいた。そのうち鯉は岸辺に近づいて卵を生みつけているようだった。こうした様子が眺められるのも、歩き旅だからこそである。

茨城の土浦に住み、ベトナムツアーにも3回参加した中村洋子さんたちと「あんこう鍋」を囲んだ。「山翠」という老舗店とのこと。わたしはあんこう鍋を食べるのは初めてだった。恐い顔をした魚と思っていたが味はいい。

中村さんは今年（2018年）の7月にも水戸市立図書館で、「戦争と子どもたち」の写真展を企画してくださったが、来年（2019年）1月19日から2月11日まで茨城新聞が主催する「ロバート・キャパ展」と同じ場所で、私のベトナム戦争写真展を1月29日から2月3日まで催したいと突然言われた。部屋は違うが空いた展示室があったので、申し込んだら許可されたとのこと。短い日数だが、ロバート・キャパの写真展示と重なる光栄にあずかることになる。大変嬉しいが、その頃私は東海道を歩いていて会場には行けない。今年の「戦争と子どもたち」の写真展の時も北海道を歩いていて、会場に行くことはできなかったが、中村さんたちの御苦労に感謝した。

11月17日（土）水戸市―水戸平須十文字（十字路） 昨夜遅く、北海道から寺本千名夫先生が来てくださったが、私は先生を待たずに眠ってしまい、大変申し訳ないことをした。ホテルで朝食を共にして、北海道と青森でお世話になったお礼を申し上げた。茨城大学教員の伊藤哲司さんが、まだ幼いお子さんの想玄《そうげん》君を連れてホテルへ迎えに来た。2006年から15コマ25時間の集中講義を3期したが、伊藤さんはその時の担当教員だった。2年振りの再会である。

今、催されている茨城大文化祭に誘われた。寺本先生と一緒に行った。水戸駅で伊藤さんの長女・茜《あかね》さんと会った。まだ幼い頃、伊藤宅やベトナムで会って以来だった。現在は看護学校に通っているとのこと。大きく成長

水戸駅前で、伊藤哲司さん（左）、茜さんと想玄君

していたが、その分、私も年をとったことになる。

茨城大では学生たちがいろいろな衣装を着ての催しがあちこちで開かれていた。ずらりと並んだ食物の売店では、沖縄からの学生が沖縄そばを売っていた。３００円だった。うまかった。

伊藤さんの長男、高校3年生の風馬《ふうま》君が学校から直行してきた。茜さん同様、幼い頃の風馬君しか見ていないので、父親より大きくなった姿を見て嬉しくなった。伊藤さん、想玄君と教室で別れて、寺本先生と一緒に歩いた。次の宿泊地となる石岡までは28キロもあるので、少しでも近づいておきたかった。茨城新聞の大貫璃未《りみ》記者、武井浩一カメラマンも一緒だった。武井さんは20年前、私が最初に茨城大で講義をした時に撮影したとのこと。今では写真映像部長になっていた。お二人は旧水戸街道をずっと同行した。偕楽園・千波湖《せんばこ》の横を通り過ぎた。県庁前の桜並木の紅葉がよかった。石岡まであと22キロというところで、県庁近くのホテルへ引き返した。茨城新聞の2人と別れ、寺本先生は夕食を一緒にした後、妹さんが住むという千葉県の我孫子市へ向かった。

11月19日（月）水戸市―石岡市　6号国道へ出て石岡へ向かうつもりだった。そこまでは旧水戸街道とのこと。東京へ近づいたと気持ちに余裕が生まれたので、日本橋到着の際、東京駅近くの店でビール会をしたいと銀座ライオンビヤホール本社の北目淳一さんに電話をした。北目さんは20年来の友人で、今は役員になっている。15年前の徒歩の旅の時は、ライオンビヤホール金沢駅店の支店長で、北目さんはライオンのハッピを着て10キロぐらい一緒に歩いた。

11月20日（火）石岡市―土浦市　土浦に住む中村洋子さんの案内で土浦へ向かった。古墳入口と書いてあったので、狭い道を上った。どこが古墳なのだろうと思っていると、小さな神社があり、私が立っているところが古墳で、その下に墓があるようだった。どのような人が埋葬されているのだろうと想像したが、見当がつかなかった。当時の人は墓の横に国道が通る現状は思いもつかなかったろう。

かすみがうら市で旧水戸街道に入ると、江戸時代の稲吉宿があった。古い屋敷、旅館（旅篭《はたご》）、大名が泊まる本陣があった。現在も家の持ち主の子孫が住んでいる。建物の現状を維持していくのも大変だろうと思った。殿様と一緒に移動している家来たちは周辺の旅館や人家に泊まっていたのだろう。タイムスリップしてカメラを持って大名行列についていったら面白い場面が撮影できたろうと思った。

中貫宿跡には、大名や家来がひと休みする脇本陣や古い建物が並んでいた。庭の柿の木に熟した実が残っていた。

11月21日（水）土浦市―牛久市　朝、土浦を案内してくれる中村さんほか3人と、駅から近い、江戸時代からの蔵の店がある通りへ行った。ガイドブックにも掲載されている「大徳」と「野村」を訪ねた。「大徳」は昔は呉服店で、当時の生活品や昔の街並みの写真などが展示され、土浦の特産品、土産品が販売されているとのこと。「野村」は、江戸時代は商家。今は予科練関係資料が展示され、蔵は改装して喫茶店となり、カレーも人気があるそうだ。時間が早かったので、いずれも閉まっていた。

このような歴史的な建物は、たとえ現地に来なくても存在そのものが人々の心の糧《かて》となる。いつか行ってみたい、周囲の風景も見たい、現地の料理も楽しみたいと夢を抱くことができる。東日本大震災では、歴史を伝える多くの建物が失われた。沖縄戦でも、中国との交流から生まれた首里城ほか、貴重な文化施設が破壊された。京都の寺院が戦火で失われていたら、世界の人々の日本に向ける目も変わっていたかもしれない。

戦争中、戦場へ向かう予科練卒業生の送別会が行われていたという料亭があった。今も営業していて、中村さんも同窓会などで利用しているという。予科練とは、海軍飛行予科練習生の略で、14歳から20歳までに応募資格があった。この制度が設けられた当初は、合格率も厳しかったとのこと。日本の敗戦色が濃くなった頃は、土浦海軍航空隊のほか19ヶ所も新設され、特攻隊に配属された多くの若者が戦死した。

土浦の料亭を見ていると、死地に向かう青年の送別会の様子が想像された。戦後、私が入学していた千葉県船橋市の小学校に「予科練帰り」と生徒たちから恐れられていた教員がいた。生徒の誰かが騒いでいると、連帯責任として男子生徒の全員を廊下に並ばせ、倒れないように足を広げさせて「往復ビンタ」といって両方の頬《ほお》を力いっぱい殴った。今であれば問題になるところだが、その頃は先生が生徒を殴るのはよくあることで、私も何度か思い切り殴られ、廊下に倒れたことがあった。

前に住んでいた街、そして母校

11月22日（木）牛久市―千葉県我孫子市　牛久に職場のある相良《さがら》芳恵さんが途中まで案内してくれることになった。相良さんは2015年から3回続けて私のベトナムツアーに参加している。今年はカンボジアへも行った。

歩きながら、友人たちに25日（日）、東京駅地下街のビヤホールで簡単な報告会をしたいと電話した。

国道から牛久沼が見えた。牛久ゆかりの作家、『橋のない川』を書いた住井すゑを撮影したことがある。笑顔で話しているその写真は生前のすゑさんに寄贈したので、最近もすゑの紹介記事で時々使われている。すゑの娘でいくつかのエッセイ集も書いている増田れい子は、私が毎日新聞の運動部で給仕をしていた時、隣の社会部の新人記者だった。同じ時期、後に広島原爆の本などを書いたジャーナリスト・関千枝子も社会部記者をしていたので、毎日のように仕事をしている2人の姿があった。同じく増田の夫となった社会部記者、整理部にいた関の夫も、毎日目にしていた。今でもその頃の4人の顔は目に焼きついている。牛久沼を撮影しながら、1955年の毎日新聞社編集部の様子を思い浮かべた。夜は高校へ通学していた。

相良さんは取手で帰った。茨城と千葉との県境になる利根川までくると、ちょうど5時で暗くなっていたので、大利根橋のたもとで反射板のベストを着て、ヘッドライトをつけた。橋の中央で、川面《かわも》に写る常磐線の鉄橋に通過する電車、取手市街のビルを撮影した。空には月、川にも月が映っていた。橋上に長くいたので、1キロ超を渡り終えるのに1時間半ぐらいかかって、千葉県に入った。

11月23日（金）我孫子市―松戸市　今日は千葉県を歩くことになる。私は幼い頃に沖縄を離れた後、小学校入学からベトナムへ行くまで、これまでの人生の約半分を千葉県で過ごした。

我孫子市、柏市、松戸市の国道沿いには大きなビルが建ち並び、ずいぶん大きな都市になったと感じた。特に柏市は駅まで行ってみたが、大勢の人が往来していた。3連休の初日のせいかもしれない。自動車も長い渋滞だった。松戸駅近くのホテルは、風呂はなくシャワー付きの小さな部屋で9600円。これも東京に近い由かと思った。

11月24日（土）松戸市―浅草雷門　余裕を持って浅草に着きたいと、まだ暗い6時にホテルを出発した。松戸駅前を通ると、ちょうど市川駅行きのバスが通り過ぎた。このバスに乗って市川市の真間山下停留所で下車すると、前に私が住んでいたマンションまで1分ぐらいである。当時、パスポートの申請の時は松戸に来ていたので、駅前周辺はよく知っている。私が住んでいたマンションの近くには、和洋女子大付属高校、千葉商大、国府台高校がかたまってあったので通学時間と重なって頻繁に市川―松戸間のバスが往来していた。その都度、ちょっと乗車して昔のマンション近くまで行ってみたい気持ちになった。

松戸駅から江戸川へ行く水戸街道には、江戸時代の剣豪・千葉周作が通っていたという道場跡、人々が願をかけた札がたくさん下がっている松戸神社があった。千葉県と東京都の境界となる新葛飾橋を渡れば、住んでいたマンションが見えるかもしれないと期待していた。

大きな橋が2本並び、その上にもうひとつ橋があった。見覚えのない光景だった。25年見ないうちに変わったのかなと思ったが、もう1本、市川寄りに橋のあるのが見えた。また間違えていたのだ。私が渡っていたのは葛飾大橋、横にあるのは葛飾橋、上にあるのは環状線の橋だった。橋の中央に東京都の標識があった。

宗谷岬を7月9日にスタート、4ヶ月と少しで東京都に入ったのだ。雷門までの葛飾区と墨田区は馴染みのあるところだ。高校の同級生も住んでいるし、卒業した高校、新聞社時代に利用したJR総武線、京成電車も通っている。

スカイツリーを左手に見ながら歩き、隅田川の上に架かる言問橋から浅草の夜景を撮影した。橋を渡ると背後に夜の灯がついたスカイツリーがあった。私の大好きな神谷バーで高校の同級生の荒井一郎君と落ち合った。荒井君は雷門の近くにある神谷バーからそう遠くない所に住んでいる。生粋の江戸っ子である。

日本橋到着直後。朝日新聞時代の友人、同僚や両国高校の同級生、石川ベトナムツアー参加者など

電気ブランと生ビールを交互に飲むのがこの飲み方である。肴《さかな》にはいつもニコゴリを注文する。長かった前半の旅も終盤に近づき、親友と会って飲む酒は格別だった。

11月25日（日）雷門─日本橋　私が泊まったホテルのある亀戸駅前は、高校時代に毎日通り過ぎていた頃とは大きく変わっていた。高校は隣の錦糸町にあったので、亀戸の駅前から近かった第二精工舎に勤務していた生徒も多かった。その頃、精工舎がいちばん大きな建物で周囲には町工場が多かった。今はビル街、繁華街になっている。

一緒に日本橋まで歩く人は9時に雷門集合予定だった。私は30分早く行った。友人たちが集まってきた。荒井君の先導で両国高校まで歩く。両国高校で11時に私たちの到着を待って、定時制卒業生の名称「桂友」の碑の除幕式をすることになっていた。その文字を書いたのは、同級生の濱田嘉一君である。雷門から歩く人はベトナムツアーの参加者、沖縄県人会、両国高校ＯＢ、カメラマン仲間など12人。

両国駅近くにある慰霊堂で東京大空襲の被災者に線香をたき、係員の説明を聞いた。慰霊堂には当時、警視庁所属カメラマンだった石川光陽が撮影した焼けただれた死体、廃墟となった墨田区周辺など、貴重な写真も展示されている。隅田川と海に近い墨田区、江東区は運河が多い。そのひとつが樹木の間を流れる川として、憩いの場として市民の散歩道になっていた。私たちの在学中にはなかった道だ。当時、町工場からの排水で運河は汚れていたが、今はきれいになり、鯉が泳いでいる光景も見られた。

深川のある江東区には下町の風情が残り、観光客が訪れていた。永代橋を渡ると日本橋は近かった。日本橋のところでは、新聞社で同僚だった白谷達也さん、朝日文庫『戦場カメラマン』を担当した田島正夫さん夫妻ほかの人たちが待っていて、拍手で迎えてくれた。皆で記念写真を撮ってから、東京駅にある銀座ライオン八重洲地下街店に行った。鎌田慧、石坂啓姉妹、ほかの人たちが席についていた。全員で33人だった。濱田君の音頭で乾杯をして、しばらくビールを飲み、ソーセージなどを食べた頃を見計らって北海道から日本橋までの旅の経過を報告した。来てくれた人は親しい人ばかりである。皆さんの席を回ってビールを飲み、楽しい時間を過ごした。

その後、新宿20時発の特急に乗るため、皆さんより一足先に会場を後にした。３ヶ月振りに諏訪市の我が家に帰った。ゆっくりする間もなくすぐ眠って、翌日の原稿書きに備えた。

東北の旅を終えて

9月17日（月）青森港をスタート、11月25日（日）東京の日本橋に到着した。その距離はＪＲ新幹線では７１

3キロ。主に太平洋側沿線を歩いたので実際には750キロぐらいになっているのではないだろうか。

この間、毎週日曜日はメモ整理、原稿、休養にした。日本橋からいったん諏訪の自宅に帰り、新年から歩く東海道五十三次の準備をしている。

東日本大震災の跡地をたどりながら、毎日いろいろなことを教えられ、80歳の人生で強く印象に残る旅となった。私のカメラマンとしての視点の根底には、沖縄で生まれたこと、戦中戦後に超貧乏生活をしたこと、ベトナム戦争を長く撮影したことなどがある。その体験から、「平和とは普通の生活ができること」と思っている。ベトナム、アフガニスタン、ソマリアほかの戦場で、爆撃、戦闘などで民衆は死傷し、家は破壊され、普通の生活ができない状況を見た。日本でも1982年の、死者・行方不明者299人となった長崎市豪雨災害、死者33人となった島根県三隅町の集中豪雨(1983年)、阪神大震災(1995年)などを撮影した。

長崎県普賢岳の噴火(1990年)の際には、現地に1年間通って写真集を出版した。その時に感じたのは、自然災害で家を失い、体育館などに避難した家族や通学もできない生徒にとっては、戦争と同じく平和な状態とはいえないということだった。

戦争、自然災害でも規模の大小にかかわらず被害を受けた人の不幸は変わらないが、長期にわたったベトナム戦争、大規模な東日本大震災での大きな被害状況と後遺症の深さは衝撃的だった。福島はさらに原発事故が重なっていた。戦争と福島原発事故は人災である。人間によって起こされたものは人間の努力によって防ぐことができると考えている。東北の再興への苦難は今後も続くだろう。私も東北の復興を願っている。

第3章　東海道、歴史を歩く

箱根関所跡をすぎ、箱根峠から三島へ向かう旧道を歩いた。2019年1月16日

1月7日（月）日本橋―大森海岸　東京駅の近くのホテルに泊まったので、9時スタートより40分早く日本橋に到着した。昨年、ベトナムとカンボジア石川ツアーに参加した荒畑勝・正子夫妻と途中で出会った。今回は東海道を京都まで行く。江戸時代、徳川幕府が整備した旧東海道は、日本橋を出発点として京都三条大橋まで約126里（500キロ）。当時の人は健脚である。壮年の男性は1日40キロくらいは歩いたようだ。東海道を12〜13日で歩いたという。歩くのが遅い私は、39日間の予定。

東海道を旅するにあたって、弥次さん喜多さんの「東海道中膝栗毛」を読み、広重の東海道五十三次の絵を見てにわか勉強をした。広重は木造の日本橋の向こうにあった魚河岸から魚を運んでくる人たちを描いているが、その表情や姿から江戸時代の生活が想像される。徳川御三家の行列以外は一般の人は道にひれ伏す必要はなかったといわれている。

時間が早かったので、明治時代に橋を改修した際に飾られたと思われる獅子像や、照明を撮影した。そのうちに一緒に歩く人たちが集まってきた。見送りだけ、途中まで歩く、第一の宿泊地大森まで一緒、とその人の都合によって様々。二二、三人くらいだったが、親しい人ばかりで嬉しかった。

朝日新聞社勤務時代の仲間が5人いた。皆さんすでに定年になっているが、現役時代はいろいろな事件や高校野球の甲子園大会など、現場を共にした人たちである。そこにはたくさんの思い出や人生体験が重なっていた。ほかにも三浦友和と山口百恵のデートをスクープした福田文昭さんほか、フリーや元毎日新聞のカメラマンがいた。カメラマンには同時代を記録してきたという仲間意識が存在する。

ベトナム石川ツアーに毎年参加している人や、両国高校定時制同級生、沖縄県人会の人々などがいた。2015年、ベトナム戦争終結40周年の年のベトナムツアーで一緒になって以来、交流のある福島県在住の尺八演奏家・橘三郎さんが、前夜の福島公演の後に車で駆けつけてくれた。そして沖縄までの徒歩の旅出発を激励する「芭蕉布」、福島と沖縄の連帯の「相馬馬子唄」などを羽織袴姿で演奏した。

高輪《たかなわ》で赤穂浪士の墓がある泉岳寺に寄った。毎年年末になるとテレビで忠臣蔵が紹介されたり、映画の上映などがある。私たちの若い頃は映画全盛期だった。繰り返し製作されていた忠臣蔵を観ていたので、通りがかりに墓を見ておこうと思った。すでに数人の人が訪れていた。全国的に馴染み深いのだろう。大石内蔵助の墓には線香が絶えないとのこと。

今回の旅のリュックや靴などを提供してくださっている「モンベル」広報部の方が品川駅前の陸橋で手を振って迎えてくれた。一緒に歩いてきた一二、三人の昼食をどこにしようかと考えていたが、モンベル本社のレストランの中央に席をつくって下さった。

品川駅の先から国道と分かれた旧街道を歩いた。八百屋、魚屋など庶民の生活に結びついた店があり、懐かしい。私が今住んでいる諏訪市では野菜、魚、肉などはスーパーに統括され、個人商店が年々減少している。

八百屋お七が処刑されたという鈴ヶ森の刑場跡に寄った。日本舞踊の撮影をした時、江戸の大火事で知り合った恋人に、火事になれば再会できると思って放火したお七が捕まり、火炙《ひあぶ》りの刑にされたのが鈴ヶ森と何かの本で読んでいた。それが事実かどうかはわからないが、お七が火見櫓《ひのみやぐら》に登る場面は、私も若かったので悲恋物語として印象に残った。鈴ヶ森刑場跡には、火炙りの磔柱《はりつけばしら》を立てた石の穴が残っていた。

芭蕉の句碑

1月8日（火）大森海岸—横浜市新子安　今日からは1人で歩く。四国遍路は杖《つえ》を弘法大師と見立て、「同行《どうぎょう》

東海道が始まる日本橋の上にある古い街灯と獅子の像の向こうは東京駅、銀座方面。1月7日

二人旅《ににんたび》」といわれていた。東海道は広重、芭蕉、弥次さん喜多さんも含め「同行五人旅」と考えたが、東海道を解説した現代の人たちの本も参考にしているので、同行する人は増えることになる。そこで1人旅に戻ることにした。

神田に住み、親の財産を食い潰した弥次さんと、居候をしていた喜多さんの道中記「東海道中膝栗毛」が出版されたのは、約200年前の1802年。弥次さんは家財を売って、喜多さんを連れて伊勢参りの旅に出る。弥次喜多は四日市まで10泊で歩き伊勢神宮へ向かう。

東京都と川崎市の境界となる多摩川の下流、六郷川を渡った。1600年、徳川家康は200メートルの大橋を架けたが、1688年に洪水で流されて以降、明治まで橋はなかったという。日本橋から2日で神奈川県に入ったという実感があった。北海道は2ヶ月近く歩いてもいつまでも北海道だったので、広さを感じた。

川崎宿は品川宿から2つ目の宿場だが、昔大名が泊まった本陣は市街の中心地となり、佐藤本陣跡はビルの窓に本陣跡という紙が1枚貼られているだけで、一度は見つからず通り過ぎてしまった。水戸街道は本陣がそのまま残っていたが、川崎宿までは、昔の東海道の面影はあまり感じられなかった。

京急八丁畷《はっちょうなわて》駅へ近づいたところに、芭蕉句碑があった。芭蕉は三重県の伊賀上野で生まれたが、江戸に住み、郷里への往復などで8回、東海道の一部を歩いているとのこと。『芭蕉はどんな旅をしたのか』（晶文社）などの本を書いている友人・金森敦子さんによると、東海道に関する句は少なく、江戸から伊勢、京都など9ヶ月の旅の句をまとめた「野ざらし紀行」でも東海道を詠んだ句は6句しかないとのこと。

「麦の穂を　たよりにつかむ　別れかな」という句碑のところで見送りの人と別れた5ヶ月後、芭蕉は亡くなったという。

生麦事件発生現場という所もぜひ見ておきたかった。事件から１５７年。住宅の並ぶ街道に事件のことを記した碑が立っていた。説明によれば、薩摩藩の島津久光が４００人の部下と江戸から帰る途中、川崎大師に向かっていたという騎馬の4人のイギリス人たちに出会った。4人は乗馬したまま行列に乱入。藩士たちに攻撃され、1人が亡くなり、2人が重傷を負った。下手人差し出しと賠償を求めるイギリスの要求に薩摩藩は応じず、イギリス艦隊との戦闘になった。薩摩藩は大きな被害を受け、賠償金を支払ったが、殺害にかかわった藩士は行方不明として差し出されなかったという。

私が関心を持っていたのは、「お家を守る」ことを重要とした当時の日本の情勢に疎かった外国人、近代的軍事力による砲艦外交を繰り返していた外国勢。こうしたことは現代にも通じ、対応を誤って戦争になると、当時とは違って民間人の犠牲に結びつくと思っていたからだ。

1月9日（水）新子安―横浜市戸塚　スマホでの地図の読み方に慣れていないので、都市に入ってから迷うことが多い。横浜駅までは順調に旧道を歩いたが、駅周辺で迷ってしまった。

1時間半ほどスマホを見たり、駅の東口、西口を行ったり来たりしたかどうかもわからない。とにかく西方向だと思って大通りを歩いていると、戸部警察署があったので総合案内と書かれたところにいた女性警察官に旧道へ入る道を尋ねた。

日頃、警察官と話し合うことはほとんどない。沖縄・辺野古《へのこ》のキャンプシュワブ前には大勢の機動隊がすぐ近くにいるが、基地建設に反対して座り込む市民を排除する警官という視点で撮影している。受付の女性警官は親切だった。男性警官も辺野古では恐いが、立場が変われば親切な人が多いに違いない。

しばらく東海道を進むと権太坂があった。今回、昔の東海道をたどることが大きな目的だったが、毎年正月2日から見ている箱根駅伝のコースを歩きたいという気持ちも強かった。選手が権太坂に差し掛かるとアナウンサーの紹介があるので、実際にはどのような坂だろうと思っていた。上り坂の入口に架かっていた陸橋からコースを撮影して、ゆっくり坂を上った。権太坂上というバス停があった。横浜駅周辺で迷ったので、戸塚の宿に着いた時は陽がすっかり落ちていた。

1月10日（木）戸塚―茅ケ崎市　所々、道の横に道祖神がある。昔は、村の守り、旅の安全、子孫繁栄など、いろいろな役割を果たす路傍の神様だったようだ。

各家庭で使った正月のしめ飾りが置いてあった。所々に馬や人間の安全を守ったという馬頭観世音菩薩もある。原宿町の歩道橋の所に道祖神と馬頭観世音があると案内書に記してあったので、探してみたがわからない。通りかかった2人の老婦人に尋ねると、以前歩道橋の所にあって、「正月にはお祈りをしたが、そういえば見つかりませんねえ」。もう1人の婦人が「この先のマンションの横で見た」と言うので、行ってみると、道祖神やお地蔵さんが並んでいた。家を建てるために、各所に点在していたのを一ヶ所に集めたのだろう、時代の流れかもしれないと思った。

旧街道の所々に松並木がある。ＪＲ茅ヶ崎駅に近づいた所の松並木を撮影した。沖縄戦の前には伊佐から沖縄市の方へ上る坂道にも松並木があったようだが、戦争で全て失われた。東北の各所にも松原があったが、東日本大震災の津波で失われたと言っていた。東海道の松並木は区画整理でなくなった所もあるだろうと思われた。

1月11日（金）茅ヶ崎市―二宮町　ＪＲ茅ヶ崎駅前から旧道と重なった東海道を4時間くらい歩いたが、道路脇にベンチや公園がなく、休む場所が全くない。やっと花水川に架かる橋のたもとの平成の一里塚という所にベンチがあったので、ひと休みすることができた。歩行者のための休憩所がないのは東海道もどこも同じだった。

富士山が見えた。まだ遠いのでビルに遮《さえぎ》られ、全景でなく一部しか見えなかった。それでも富士山との出会いは嬉しい。長野県に住み、八ヶ岳、南アルプス、穂高連峰を見慣れているが、富士はやはり形のいい山だと思った。一度頂上まで登ってみたかったが、心筋梗塞《こうそく》後は無理をしないことにした。平地での徒歩の旅とは違うと思っている。

大磯に島崎藤村が１９４１年から亡くなるまで2年間住んだという家があった。藤村は長野県で生まれ、小説『夜明け前』は高校生の時、感動して読んだ。4畳半、6畳、8畳の3間の慎ましい家が意外だった。静子夫人も亡くなるまで住んだとのこと。

しばらく歩くと、旧吉田茂邸の外景が無料で見られるようになっていた。旧邸は皇室や外国要人も招待されたが、２００９年の出火で焼失し、再現したとのこと。大きな邸宅、広い庭は想像を絶するものだった。藤村の家

茅ヶ崎市のビルの間から富士山が見えた。北海道で利尻富士、東京でスカイツリーを見ながら歩いたが、富士山は広範囲で眺めることができた

とは比較にならない程大きいことに驚きを感じた。

1月12日（土）二宮町―小田原市　二宮で、東海道を歩いてきて初めて海を見た。海上に2隻の漁船が見えた。岸壁で釣りをしている人もいた。

道路から少し入った所の大経寺に芭蕉の句碑があった。１６９２年の「人もみぬ　春や鏡のうらの梅」というその句は、芭蕉が病死する2年前の、48歳の時の句のようだ。

徳川幕府は江戸を防衛するために酒匂《さかわ》川《がわ》に橋を架けること、船で渡ることを許可しなかったので、広重の絵は人足が客を背にしたり、台の上に乗せたりして川を渡っている風景が描かれている。昨日は晴れていたが今日は曇っていたので、富士山は全く見えなかった。橋を渡ってくる人に富士はどの辺りに見えますかと聞くと、指であの辺と教えてくれた。ちょうど広重の絵で黒くシルエット風に描かれている方向だった。

小田原城に到着した時は薄暗くなっていた。城の全景を撮影した後、天守閣に登ろうとしたら4時半で終了というアナウンスがあり、15分しかなかったので諦めた。

箱根駅伝コースに変更

1月14日（月）小田原駅前―箱根湯本　12日、小田原市に住む定時制高校同級生の村山とも子さんと会った。定時制、朝日新聞写真部、ベトナム戦争中サイゴンで仕事をしていた人、沖縄人。この人たちと会うと同じ時代を共に生きたと特別な親しみを感じる。村山さんとは小田原駅近くのライオンビヤホールで昔話をした。卒業してから62年。同級生と会うとお互いに体調の悪いところもあるが、なんとか元気でいることの喜びを感じる。

14日、小田原城へ寄った。着物姿の大勢の若い女性たちが堀に架かる橋の上で記念写真を撮り合っていた。近くの文化センターで成人式が催されるとのことだった。一生に一度の成人式を、日本の民族衣装で祝う。大変よい光景と思った。

１９４８年に成人の日が決められたというが、私が成人になった１９５８年、成人式に出た記憶はなく、そのような式があることも知らなかったように思う。高校の同級生３人に聞くと、１人は出たが２人は記憶にないとのことだった。当時、成人式は現在ほど一般的な行事ではなかった。

毎日、歩いている区間の地方紙と全国紙を読んでいる。今日の新聞に、東海道、山陽ほかの新幹線のスピードアップ化が計画されるという記事が掲載されていた。東京―東北、新函館北斗間は現在４時間２分だが、防音壁などを設置して10分以上短縮するとのこと。私には10分や20分の短縮は大したことないように感じられる。

１９４４年、兄が沖縄から鹿児島へ疎開児童として船で来た時、私は母と迎えに行った。列車の中で2泊か３泊したように思う。今は新幹線で7時間弱、飛行機で90分。私は東京—鹿児島間を4ヶ月近くかけて歩こうとしている。80歳になったので、できるだけゆっくりとした人生を過ごしたい。

1月15日（火）箱根湯本—芦ノ湖　湯本駅で中村洋子さん、盧佳代さんと合流した。お2人とも２０１０年から昨年まで、ベトナムとカンボジアの石川ツアーに参加している。途中から朝日新聞社時代の同僚、白谷達也さんが自動車を運転して私たちを見守ることになっていた。

コンビニで昼食用弁当を買った時、突然思い立って、旧東海道ではなくコンビニの前の駅伝コースを歩くことにした。約10キロのリュックを背負って坂を上った。あまり疲れを感じなかった。緩やかな坂ということもあった。走ること、歩くことの違いだろう。中村さん、盧さんも会話しながら、楽しそうな様子だった。いつも箱根駅伝では選手たちが小涌園前を通過するところがテレビに映るので、ぜひそこを見たかった。走る選手はいなかったが、白谷さんが記念写真を撮った。

大芝までゆっくり坂を下りて、もうすぐ芦ノ湖というところで白谷さんの車で私の泊まるホテルへ行った。暗くなって、途中の関所を見ることができなかったからだ。皆で箱根ホテルのカレーを食べて解散した。

1月16日（水）芦ノ湖—三島市　昨日、白谷さんの車に乗った大芝まで朝、バスで行き山を下った。箱根関所跡はぜひ見ておきたかった。徳川幕府は全国に53ヶ所余りの関所を設置したが、中山道の木曽福島（長野）と碓氷《うすい》（群馬）、東海道の箱根と新居《あらい》（静岡）が規模が大きかったとのこと。当時、旅をする人は往来手形と関所手形が必要だった。往来手形は旅する人の身分証明書で、住んでいるところのお寺で発行。もし病気になった時は面倒を見て下さい、死亡した時には埋葬して下さいと記してあり、関所手形もやはり身分証明書で、大家や村のお偉方が発行したとのこと。

関所跡の番所には取調べをする役人たちの等身大の蝋人形《ろうにんぎょう》が並び、部屋が復元されている。資料館には大名行列の模型、手形や火縄銃などが展示されていた。箱根駅伝のゴール地点は、芦ノ湖のすぐ前だった。

1月17日（木）三島市—沼津市　旧道には寺院が多い。以前、四国遍路をした時、お寺を参拝するたびに、ベトナム取材中に心配をかけた母親、兄らしいことをしてあげられないうちに亡くなった弟にお詫びをした。今回もお寺があれば参拝している。

旧道の各所に常夜燈と一里塚がある。常夜燈は当時、ろうそくや油で道を明るくした。一里塚は江戸時代、各街道に一里（約4キロ）ごとに塚を作り、距離がわかるようにしたとのこと。塚の上に茂った榎《えのき》などの木陰で休む人もいたそうだ。玉井寺にはほぼ原形をとどめているという一里塚があり、向かいの宝池寺には復元した一里塚があった。日本橋から29里（約115キロ）。ゆっくりだが10日間でここまで来たと思った。

少し先へ進むと、1180年に挙兵した兄・源頼朝の元へ源義経が駆けつけ対面した場所という石があった。このような伝説は信じた方が面白い。

沼津に着いて、1989年から90年にかけて「第1回ピースボート地球一周」で3ヶ月一緒に船旅をした、原田武虎さん、金子恭子さんと会った。原田さんは沼津でも評判の割烹《かっぽう》料理店「さかなや千本一」を経営し、金子さんは原田さんの仕事を支えている。2人が沼津で元気に大きな店を経営していることが嬉しかった。船旅から30年、元気に再会できたことを喜び合い、うまい料理と酒をご馳走になった。

1月18日（金）沼津市—富士市　沼津市にある若山牧水《ぼくすい》の墓と記念館は、東海道の旅ではぜひ寄りたいと思っていた。牧水についてよく知っているわけではないが、旅と酒を特に愛したというところは私も似ていると思っていた。亡くなる直前まで病人が使う吸い飲みに酒を入れて口に含んでいたと何かで読み、私もそうしたいと願っていた。牧水は1885年、宮崎県に生まれ、1920年、東京から沼津に移り、1928年、43歳で亡くなった。千本松原入口の乗運寺に、牧水と妻・喜志子の墓があった。松原の中に「幾山河越えさり行かば寂しさの終《は》てなむ国ぞ今日も旅ゆく　牧水」と彫られた大きな石の碑がある。毎年、全国の醸造所の人々が集まって碑に酒をかけ供えるので、酒塚とも呼ばれているという。

牧水には酒を詠んだ詩は200以上あるそうだが「白玉の歯にしみとほる秋の夜の酒はしづかに飲むべかりけり」は私たちにも馴染み深い。牧水記念館には、牧水の写真、牧水が創刊した月刊誌『詩歌時代』、牧水の原稿などが展示されていた。牧水の詩歌集も販売されている。私も1冊、購入した。

1月19日（土）富士市—静岡市　富士川を渡る途中、今までは建物に遮られて全体が見えなかった富士山を、裾野から眺めることができた。その形のよさから、やはり富士は日本のシンボルとなる山だと感じた。

第五福竜丸の被爆事件を学ぶ

1月21日（月）清水市—静岡市　JR清水駅から近い東海道に入ると、江尻城跡の前を流れる巴川《ともえがわ》に架かる橋に、かわいいカッパの子どもの像があった。昔、橋ができた時、カッパの子が先に渡ってしまったという。このような伝説もあった方が、人生は楽しくなる。街道を歩いていると、このような話にあちこちでぶつかる。由比の中峯神社には、藤八という村人が死後に天狗となって地元の火災を守ったとして、藤八権現を祀《まつ》ってある。

小さな公園の陽当たりのよいベンチで、コンビニで買ったおにぎりで遅い昼食をとっていると、小学校2、3年生くらいの男の子と女の子が自転車でブランコに乗りにきた。大きなリュックを見たのだろう。「おじさん、どこから来たの?」と言った。北海道から歩いてきたと言うと、「そんな遠いところから?」と驚いていた。「何日かかったの?」「どこまで行くの?」と、好奇心の強そうな子たちだった。後から遊びにきた子にも、私が歩いてきたことを知らせていた。

旧東海道を歩く人を、子どもたちは見慣れていると思うが、大きなリュックを背負っている人は少ないだろう。「どうして沖縄まで歩くの?」と聞かれたので、「80歳で歩き通せるか試している」と言った。歩き始めようとすると、ブランコの上から「おじさん! 頑張ってね!」と手を振ってくれた。

1月22日(火) 静岡市―焼津市　室町時代から江戸時代にかけて、朝鮮から外交使節団の朝鮮通信使が派遣された。釜山《プサン》―対馬《つしま》―大阪を経て、京都から東海道を辿《たど》って江戸に到着した。毎年、朝鮮通信使が歩いた道を辿っているウォーキングクラブがある。

クラブに参加している諏訪市の私の家近くに住む小林義雄さん、静岡市の中西晴代さんと岡部まで一緒に歩いた。駿府城跡などを見てしばらく歩くと、広重の絵にもある安倍川に差し掛かった。広重の絵は、籠ごと台に乗った若い女性と、台だけに乗った年輩の女性が人足によって運ばれている。

きな粉をまぶした餅を安倍川餅と呼ぶことは、子どもの頃から知っていた。案内書によると、徳川家康が砂金に見立てた黄色いきな粉餅を気に入り、安倍川餅と名付けたとのこと。

1804年創業という安倍川餅の老舗「石部屋」が橋の近くにあった。きな粉とこしあんでくるんだ安倍川餅が5個並んで600円。わさび醤油で食べる「からみ餅」が4個600円。「名物にうまいものあり」だった。

今度は「梅若菜丸子の宿のとろろ汁」という芭蕉句碑の立つ横に、1596年創業というとろろ汁の老舗、藁《わら》葺《ぶ》き屋根の「丁子屋《ちょうじや》」があったので入った。ちょうど昼食時だったので、大きな部屋が満員だった。広重の絵でも弥次喜多と思われる二人がとろろ汁を食べている。どんぶりにとろろ汁、おひつのご飯は食べ放題、みそ汁、漬物がついて1400円だった。

静岡市と藤枝市の間にある宇津ノ谷峠の下に、明治、大正、昭和、平成とそれぞれの年にできたトンネルがある。時間がなかったので、私たちは峠を越さずに「明治のトンネル」を通った。岡部宿の大旅籠「柏屋」は、江戸時代の姿をとどめて国の文化財に認定されている。旅人が宿に着いて「たらい」で足を洗っている様子を再現した蝋《ろう》人形があった。

1月23日（水）焼津市―島田市　22日、安倍晋三首相とロシア・プーチン大統領が会談した。北方領土と平和条約についての協議に注目していた。私は北方領土に3回行き、一度は歯舞《はぼまい》諸島にも行った。安倍首相は、1956年当時のソ連・ブルガーニン首相と鳩山一郎首相との間で交わされた「平和条約締結後に歯舞諸島と色丹《しこたん》島を日本に渡す」という日ソ共同宣言をもとに交渉しているようだ。

私は、北方領土は日本の領土であり、ソ連に侵略されたと思っている。1945年8月14日、日本が敗戦のポツダム宣言を受諾。ソ連は18日に千島列島に侵攻し、9月5日までに北方4島を含め全千島列島を占領した。私が初めて北方領土へ行った1992年、歯舞諸島を除いた色丹、択捉《えとろふ》、国後《くなしり》の3島には住民が定着していた。この人たちを追い出しての日本の要求する4島一括返還は難しいと思った。それでも北方領土のソ連の住民には、北方領土は日本の領土と認めるグループがあった。

その時に私は、北方領土はソ連の人も日本の人も自由に行けて、自由に住める平和な島にしたらどうかと月刊誌に書いて、4島一括返還を考えている人から批判を受けた。4島一括返還はもちろんのこと、2島も渡さない、平和条約は結ばなくてもよいと考えている人もいるようだ。ソ連の侵略によって北方領土から出された人たちとも、今回の旅の北海道で出会った。その人たちも相当の年輩になっているが、4島の返還を望んでいる人もいた。領土問題は大変難しい。今後も日ロの会談に注目している。

東海道の旅ではぜひ焼津で「ビキニ事件」について学びたいと思っていた。ビキニ事件とは、1954年3月1日、焼津のマグロ漁船「第五福竜丸」が、マーシャル諸島ビキニ環礁で行われたアメリカの水爆実験によって被爆し、9月23日、乗組員の久保山愛吉さんが死亡した事件。私はその時高校1年生だったが、ビキニ事件のことはよく覚えている。その後も続けられた核実験でマグロが売れなくなり、「原爆マグロは扱っていません」と書いて張り紙をした寿司店も現れた。

焼津で第五福竜丸被爆事件を調べている元教員の成瀬實《みのる》さん（81）から、ビキニ事件に関する説明を受け、資料をいただき、焼津市歴史民俗資料館、焼津湾、久保山さんのお墓を案内してもらった。

広島、長崎に原爆投下したアメリカは、第2次世界大戦終了の翌年からマーシャル諸島近海で原爆実験を繰返し、さらに米ソとも水爆実験を成功させ、核兵器の恐怖が世界を脅かす時代となった。

第五福竜丸以外にも同じ海域にマグロ漁船は出漁していたので、東京、三崎、焼津、清水、塩竈などの漁港で放射能検査が実施された。第五福竜丸乗組員23人全員が、東大病院、国立病院に入院、亡くなった久保山さん以外は、翌55年5月に退院した。

第五福竜丸が被災した時の水爆実験は15メガトンで、広島原爆の1000倍の威力があったとのこと。第五福竜丸の被爆はその後の核兵器廃絶運動にも結びついたが、原爆マグロの風評被害の的ともなり、被爆者は焼津で

成瀬實さんに第五福竜丸の模型のある歴史民俗資料館や久保山愛吉さんの墓を案内していただきビキニ事件について学んだ

人目につかないように隔離されたり、補償金をもらった船員に対する世間の冷たい目もあったとのこと。福島を取材した時、震災被災者が避難先で東電から受けた補償金に対して、やっかみの言葉をかけられた、子どもがいじめに遭ったなどという声を聞いたが、被害者への冷ややかな日本人の視線と重ね合わせた。

歴史民俗資料館には、被爆後に焼津に戻った第五福竜丸、焼津市の当時の被災調査資料、久保山さんの遺骨を持って帰る遺族の写真や、当時の新聞などが展示されている。第五福竜丸の模型もあった。第五福竜丸は現在、東京・江東区の夢の島にある第五福竜丸展示館に展示されていて、私も4年前に撮影したことがある。

久保山さんの墓は支援者たちが弘徳院に造ったもの。隣の墓地には、分骨された久保山さんと妻のすずさんが一緒に眠っている。弘徳院にアジア・太平洋戦争で戦死した焼津市の人々の墓があった。サイパン、ニューギニアなど、南方の島名が書かれている。久保山さんは10人兄弟。三男、四男、五男は戦死して、大きな墓石が並ぶ中にあった。15年前の旅でも気がついたが、戦死した兵士の墓は大きい。それだけに、若くして命を失った人の無念な気持ちが伝わってきた。

歴史民俗資料館の隣に、ギリシャ生まれのラフカディオ・ハーン（日本名・小泉八雲）の記念館があった。イギリス、アメリカを経て来日し、高校、大学で英語教師となり「耳なし芳一」「雪女」などの日本の怪談を書いた作家でもあった。彼は日本人女性と結婚し、2人の男の子も生まれた。焼津の海が好きで、毎年家族で夏に来て魚商人の山口乙吉さんの家の2階に泊まったとのこと。

センチメンタル

1月24日（木）島田市—掛川市　「箱根八里は馬でも越すが、越すに越されぬ大井川」はよく知られている「箱根馬子唄」の一節である。街道一の大河は難所で、急流となって水深が136センチになると川留めになった。雨が降り続くと、川を渡れない人で宿が満員となるので、宿は儲《もう》かったとのこと。島田宿が再現されて、川越人足の控室もある。島田市博物館には当時の旅人の衣類、持ち物などが展示されている。今日の大井川には、水がわずかしか流れていなかった。

案内書に、JR金谷駅近くの長光寺に芭蕉の句碑があると記されている。「道のべの木槿《むくげ》は馬に食はれけり」（むくげの花を馬上から見ていると馬に食べられてしまった）。寺を出ると石畳の坂道があり、途中の「すべらず地蔵尊」に「静岡東高校に合格できますように」「長男が希望の大学に合格できますように」「看護師国家試験に合格できますように」など、「すべらない」ように願った札がたくさんかかっていた。石段を上ると茶畑が広がり、眼下に大井川橋、遠くに富士山が見えた。

1月25日（金）袋井市　袋井宿を歩いていると、「どこまで行くの？」と聞かれてクリーニング店の中に呼び込まれた。東海道はもちろんのこと、これまで78の街道を歩いているという青島政夫さん（79）に名刺をいただいた。「東海道五十三次どまんなか東海道袋井宿」の見張り番とあり、日本のウォーキング協会正会員、東海道ネットワークの会21会長などのほかに2つの肩書が並んでいる。

青島さんは昭和14年2月15日生まれで、私より1歳下。目標は100街道を歩くことという。あと22残っている。私などは足元にも及ばない。クリーニング店が本業で、妻、息子、娘、パートの人が一緒に仕事をしている。35年前から徒歩の旅は休業日を利用して妻と一緒に行っている。仕事を休んだことはないという。『街道を歩く』という雑誌にこれまでに歩いた街道が挙げられていた。日本には大小の数多い街道があったことを知った。

1月26日（土）袋井市―磐田市　磐田市の元見付宿に、磐田観光ボランティアの人たちが交代で詰めていた。観光協会から依頼があり、女性5、6人を含めて25人が交代で案内しているとのこと。東海道の中間くらいになるので、東西両方面から観光客が来る。旅行社が企画した大勢の人もバスで来る。定年を迎えた複数名のグループ、一人旅もいるとのこと。ボランティアの一人鈴木克治さんに、ぜひ1873年に開校、明治8（1875）年に新校舎の開校式を行った見付小学校を見るように薦められた。外壁は修復中だが、中は見られるという。

教室の中に先生と3人の生徒の蝋人形があり、実感が伝わってくる。机、椅子、オルガンは私の小学校時代とほぼ同じで懐かしかった。2階には炭のアイロン、炭で熱くして使うコテなどが展示されていたが、ここにも私の子どもの頃に使われていた当時の教科書があり、興味深かった。

ホテルで大坂なおみとペトラ・クビトバ（チェコ）の全豪オープンテニスの決勝を見た。大坂選手の優勝が嬉しかった。テニスに限らず、どの試合でも外国が相手の時は日本を応援する。自分は沖縄人であり心から日本人なのだと思う。辺野古の基地建設や自衛隊の軍事力強化など、国策に反対する私たちは政府から見れば「非国民」かもしれない。しかし、各国の戦争を見て軍事力が抑止力にならず、アジア・太平洋戦争のように国を破壊させる原因になると思っている私は、日本の平和を願う愛国者だと思っている。

1月28日（月）磐田市―浜松市　天竜川の橋を渡ることを楽しみにしていた。天竜川の水源は、私が住んでいる長野県諏訪市にある諏訪湖。時々、諏訪湖一周16キロをウォーキングしているが、水の流れ口があり、天竜川となると書かれている。天竜川河口まで213キロ。全国9位の距離とのこと。広重も船で渡る人々の様子を描いている。旧東海道が切れたところの土手の階段を上っていくと、大きな天竜川が見えた。でも水は見えない。小石と灌木《かんぼく》が広がり、その向こうに水があるようだった。

県道の天竜川橋、国道の新天竜川橋の2本が並んでいる。国道に歩道がある。早朝の冷たい風の中、長い橋を歩いている人は少ない。北アルプスが見えないかと長野方面を眺めたが、あいにくこの日は曇りだった。富士山が遠く霞んで見えた。浜松方面でわずかに水が流れていた。それでも諏訪湖を思い浮かべ、天竜川を辿《たど》っていけば私の家の近くに着くのだなと、少しセンチメンタルな気持ちになった。

1月29日（火）浜松市―弁天島　東海道と国道が重なっていて、その横を新幹線が走っていた。ちょうど国道に陸橋が架かっていた。新幹線はわずかな時間のうちに頻繁に往復している。それでも東海道を走る自動車とタイミングよく写るよう、撮影を繰り返した。このようにシャッターを押している時が、カメラマンの喜びである。歩いていてこうした場所と出会うと嬉しくなる。

東海道には各所に松並木が残っている。松並木の通りを走る地元バスと一緒に撮りたいと思い、バス停の時刻表を見た。３時間に１回くらいのバスが20分後に通る。撮影場所を見つけて待った。これもカメラマンの喜びで、旅の途中、何度もこうしてシャッターチャンスを待つ。

カワウソ⁉　ヌートリアとの出会い

1月30日（水）弁天島―豊橋市　土手の高い道から下を見ると、畑の中に大きなお地蔵さんが立っていた。大きな声でキャベツの苗を植えている人に話しかけると、生まれた時から地蔵はあったとのことだった。昔は畑の横は道路だったのかもしれない。


1月31日（木）豊橋市―豊川市牛久保　豊橋、豊川放水路の橋を渡り、近くの飯田線小坂井駅からJRに乗り、掛川に戻った。

静岡の浜岡原発のことを知りたいと思ったのだ。掛川駅に浜岡原発問題に詳しい清水澄夫さん（70）が迎えに来てくださった。御前崎の浜岡原発に着いた時はかなりの雨が降り、暗くなり始めていた。海から原発５号炉の建屋が見えた。海中に冷却用水の取り入れ口が見えた。

浜岡原子力館は閉館時間の５時直前だったので、１階を見てから展望台へ行った。眼下に浜岡原発の全景を眺めることができた。パンフレットには展望台からパノラマが見られるとあったが、撮影禁止の張り紙があった。後ろに係員が立っていたが、撮影しないか見張っているように思えた。

畑の中にお地蔵さんが立ち、その横で農作業をする人がいた。珍しい光景なのでしばらく眺めていた

浜岡原発は5号炉まであり、1号炉と2号炉は２００９年に運転を終了。福島原発事故後に全炉停止、6号炉の建設を停止。中部電力は防波堤を22メートルにするなど安全対策を進め、3号炉、4号炉の再稼働を申請し、現在審査が続いている。地元では昨年11月、再稼働反対のデモが行われた。

外に出ると、大勢の原発労働者が帰宅するところと出会った。４０００人くらいの人が働いているのではないかと、清水さんは言う。各所原発を回って働いている人も多いとのこと。

浜岡原発は一時、日本一危険な原発と言われていた。私が千葉県から他へ移転しようと思った30年くらい前、温暖な静岡も候補地だったが、その頃、東海地震や富士山の噴火が話題になっていた。現在も駿河トラフでの地震を心配して、原発の再稼働に反対している人々は多いという。

今回の旅で、女川、福島、東海村、浜岡の原発所を見たことを機会に、原発について勉強していきたいと思っている。

2月1日（金）牛久保—岡崎市　牛久保から、昨日電車に乗った小坂井駅を通って本宿《もとじゅく》へ向かった。旧赤坂宿のところで、リュックを背負った若者と出会った。神奈川県大船に住んでいて、今年大学を卒業するが、就職が決まったので日本橋から京都まで東海道の旅をしているとのこと。昨年、北海道の宿舎でも就職が決まってオートバイの旅をしている大学生と出会った。学生のうちの旅はとてもいいと思う。就職後は定年まで長期の旅行の余裕はない。

私は安定したニュース会社を退社して、世界一周無銭旅行を目指した。結果的には4年間もベトナムに留まり、世界一周には成らなかったが、いい体験となった。学生のうちに旅をするという若者が嬉しかった。彼は主にネットカフェに泊まりながら、18日間の予定で京都に到着するとのこと。私の無銭旅行やベトナムでの体験に興味を持ったようだった。

2月2日（土）岡崎市　3日（日）も同じホテルに泊まり原稿を書くので、リュックを軽くして名鉄本宿駅まで戻った。東海道と国道が重なり、その横を名鉄が走っている場所があった。電車と国道を走る自動車を撮影した。旧藤川宿の松並木があった。松並木と名鉄の電車を撮るためにしばらく時間を潰した。

また少し歩くと、乙川《おつがわ》の横に馬がいた。北海道ではたくさんの馬を見たが、東海道では初めてだった。さらに2頭の馬が見えたので撮影していると、川の中を動物が泳いでくるのが見えた。犬かと思ったが、違う動物のようだ。一瞬、カワウソにも見えた。もしカワウソだったら大変な写真となる。

見えなくなるまで、6回シャッターを押した。そのうち3枚はピンボケである。慌てていたからだろう。初めて見た動物だったので、少し興奮して共同通信編集委員でカメラマンの堀誠さんに電話すると、それはヌートリアではないかと言う。外来の動物で、毛皮をとっていたが、最近は水田の畦《あぜ》や堤防を壊して稲を食べたりするので「侵略的外来種」に指定されているとのこと。

インターネットで調べてみると、私が撮影したのはまさしくヌートリアであった。カワウソの夢は消えたが、カメラマンとして楽しい時間だった。

2月4日（月）岡崎市―安城市　岡崎城には、徳川幕府をつくった家康が生まれた城として、多くの観光客が訪れている。最近は中国、台湾ほか、アジアの人々も訪問しているようだ。岡崎城は1959年、3層5階建てに復元されたとのこと。各層に家康の功績が紹介され、当時の三河武士が使った刀や鎧《よろい》、火縄銃などが展示されている。こうした見学は歩く時間に影響してくるが、徒歩の旅の憩いの時間となる。

2月5日（火）安城市―豊明市　カメラマンなので、歩いている時の喜びは、目に入ってきた風景に向けてたくさんのシャッターを押せることである。春から秋にかけては花の種類も多いが、冬は椿、蝋梅《ろうばい》など、数は限られている。それでも庭で実っている夏蜜柑《なつみかん》や金柑《きんかん》を撮影した。空地の金柑をつまんで食べたが、甘くてうまかった。

今日はベトナムの正月「テト」である。暦では日本の旧正月にあたり、毎年日が違う。中国の春節も同じ日である。私はベトナム戦争中、サイゴン（現ホーチミン市）に4年間住んでいた時に3回テトを経験している。当時ベトナムは南北に分断されていたが、テト中は停戦し、人々は楽しんだ。

サイゴンでは市の中心にあるグエンフエ通りに花市場が開かれていた。黄金に結びつくと考えられていた金柑

川を泳ぐヌートリア。カワウソかと思い興奮してシャッターを押した

や、小さな蜜柑の鉢植えは人気があった。花市場には、平常はあまり街を歩かない財閥や医師、弁護士などの令嬢が現れるというので、当時若かった私たち日本人仲間は市場をウロウロした。

戦後もテトの時期にベトナムを訪問したが、日本の正月より賑やかと感じた。まず、外で遊ぶ子どもが多い。小さな子は凧《たこ》上げをしたり、お年玉を手に駄菓子屋に集まっている。こうした様子は私の子どもの頃とよく似ている。遠くで働いている人たちも帰省して、親戚が集まりテトを祝っている。

近道をしようとしたのが間違いの始まり

2月6日（水）豊明市―名古屋市　アイヌ民族を先住民族と明記したアイヌ新法案を、今国会に提出することが5日に決まった。

今回の旅で北海道を歩いている時、本土から開拓民が移住してくる前にアイヌ民族が独自の文化の中で生活していたことを各地で感じた。1899年制定の「北海道旧土人保護法」では、アイヌ文化を否定して同化対策を進めたとのこと。明治政府によって琉球が沖縄県として併合された後、学校では沖縄語が禁止され、皇民化教育が進められた。言葉は偉大な文化と思っている。アイヌ文化が生かされた自治区ができるといいなと思っている。

多くの文化に触れることは、気持ちを豊かにする。

桶狭間《おけはざま》古戦場跡があった。中京競馬場前駅、国道から近くにビルもあるので、戦場は想像できなかった。今川義元の墓があった。公園の端にひっそりと墓石が立っている。しばらく眺めていると、中村錦之助が演じた映画「風雲児　織田信長」を思い出した。ほとんどの場面を忘れたが、若い頃の織田信長が柳永二郎演ずる今川義元を攻撃する場面は覚えている。

有松絞りは400年の歴史があるという。有松絞りの浴衣を着たモデルを、格子窓、瓦屋根、白い土蔵のある家の前で撮影したポスターがあった。東海道の旅では各所で宿場跡を見てきたが、中でも有松は見応えがあった。市も保存に力を入れている。雨の中に旧家が佇《たたず》んでいる風景もよかった。徒歩の旅は大変でしょうと言われることがあるが、日本のいろいろな場所を見ることができ、80歳の贅沢な旅と思っている。

2月7日（木）名古屋市―桑名市　ホテルに近い熱田神宮に寄った。宝物殿を見る時間的余裕はなかったので、神宮を囲む森を見ただけだった。20人くらいの観光グループがいた。台湾から来たという。台湾も春節である。休み中に冬の日本を楽しんでいるのだろう。

「七里の渡し」跡のある「宮の渡し公園」に行った。宮宿と桑名宿の間に木曽川、長良川、揖斐川《いびがわ》がある。川が広く、橋が架けられないので、旅人や参勤交代の武士たちは船で渡った。風の関係もあり、5時間前後の船旅だったようだ。復元された常夜灯、時を告げる鐘などがあった。

1号国道を歩いて桑名へ向かうことにした。この道を行けば国道に出られるかと、近くにいたおばあさんに聞くと、まっすぐ行けばいいという。近道しようとしたのが、私の間違いの始まりだった。途中、何回か国道に出る道を聞いたが、結局4時間歩いて、朝出発したホテルの前に出てしまった。私の方向感覚の悪さは徹底している。結局夜7時近くになったので、富吉駅から近鉄線に乗り、桑名のホテルへ着いた。

途中、何人かの人に声をかけられた。昨日、中日新聞に名古屋市入りを取材され、今朝の新聞で紹介されていた。国道でバスを待っていた70代の女性は、私が30年前に出版した『写真記録 ベトナム戦争』（金曜日）を持っているという。「徒歩の旅のことは新聞で知っていたが、こんなところで会うなんて」と驚いていた。


2月8日（金）富吉―桑名市　昨日乗車した富吉駅まで戻った。東海道には食堂やコンビニはほとんどないが、国道には各所にあるので、トイレを借りたり、コーヒーを飲んでひと休みしたりできる。各種レストランも多い。

木曽川に架かる尾張大橋の手前から、木曽川、近鉄の電車と背景の山を入れて撮影した。近鉄にも普通、準急、特急と違った車体がある。ここでもシャッターチャンスを待った。

木曽川の水源も長野県。いつも塩尻駅から名古屋駅までは特急「しなの」に乗っているが、車窓から木曽川を眺めている。以前、木曽街道を歩いた時は、木曽川に沿った道から「寝覚めの床《とこ》」の岩の上に降りて弁当を食べたことがある。

桑名に近づいた国道の伊勢大橋の先で、岐阜県を水源とした長良川と揖斐川が合流し、伊勢湾に注いでいる。そのほかにも名古屋市から桑名市までずいぶん川が多いと思った。

1959年の伊勢湾台風では多くの川が増水し、河口から高潮が押し寄せ、堤防が決壊した。死者4697人、行方不明者401人と、大きな被害を出している。「宮の渡し公園」には、伊勢湾台風の説明書きもあった。

桑名の「七里の渡し跡」は、「宮の渡し公園」より大きかった。そこからは揖斐長良大橋、伊勢大橋を眺めることができた。今、「七里の渡し」の船は運用されていない。夕食は桑名駅に近い小さな居酒屋に入った。4人座れるカウンター席と、奥に小さな座敷があった。カウンター席には2人の先客がいた。40代の女性2人が働いていた。台湾出身で、20年前に両親と一緒に来て、父が営んでいた店を継いでいるという。とても親切だった。徒歩の旅をしているのを知ったからか、会計は酒と料理で２０００円と安かった。そのうえに明日の弁当にと、焼きおにぎりとゆで卵を包んでくれた。本当によい人たちの店に入ったという感動があった。

2月9日（土）桑名市―四日市市　曇って冷えた日だった。江戸時代は松並木だったが、今は桜並木になっているという場所があった。

そこから近い朝明橋のたもとにベンチがあったので、昨夜居酒屋から貰ったおにぎりを食べていると、オートバイに乗ってきた中年の女性から、東海道を歩いているのか、と声をかけられた。その人も電鉄会社の企画する東海道の旅に参加しており、先月も静岡の由比宿を歩いたという。私は由比宿で大勢の団体と会ったが、日が一致してその中にいたことを知った。今後箱根峠を越し、ゴールは日本橋と、私と逆方向に歩く予定とのこと。

さらに話しているうちに、「石川さんですか？」と驚いた声を出した。石田都《みやこ》さんは30年くらい前、ピースボートに乗船してベトナムへ行った時、私の船内での講演を聴き、ホーチミン市のフォー店にも同行したという。私は石田さんを覚えていなかったが、希望者数人を私がよく行っていたフォーのうまい店に案内したことがあった。四日市に住んでいるとのこと。旅をしているといろいろな人に会うと思った。

三滝川の堀にも桜並木があった。その向こうを見ると、たくさんの煙突が立っている。あそこが四日市コンビナートだろうかと思った。私は以前、日本各地の公害問題を撮影したことがある。その頃、四日市大気汚染による集団喘息《ぜんそく》が問題になっていた。その時のことを思い出しながら、東海道から見た煙突を撮影した。

2月11日（月）四日市市―鈴鹿市加佐登　四日市市立博物館に寄った。日本は敗戦後の復興を目指し、重工業

四日市市にある日永の追分。右に行けば京都、左は伊勢へ通じる道。弥次さん喜多さんはここから伊勢神宮へ向かった

に力を入れた。その関連で工場から排出する化学物質を含む水や煙により、周辺に住む人々に様々な障害が生じた。私が毎日ニュース映画社に勤めていた1960年代、水俣でメチル水銀に侵された魚を食べた猫が、神経中毒となりフラフラと歩いていた場面が強く印象に残っている。

ベトナムから帰って新聞社カメラマンとなった1969年、水俣病、昭和電工の工場排水によって神経障害となる新潟水俣病、四日市の重工業コンビナートから排出された硫黄酸化物を含む煙による喘息障害が問題となっていた。私も川崎市コンビナートの大気汚染、静岡県吉原市（現・富士市）の製紙会社から流れるヘドロなどの公害問題を取材したことがある。四日市市立博物館係員の説明によると、その後の各公害患者の訴訟や行政の規制指示によって、現在は工場の煙や排水は公害とならないよう基準が守られているとのことだった。

四日市市立博物館の展示を見ながら、ベトナムで今も続く地雷、爆弾による不発弾や枯葉剤の被害者を思い起こした。戦争も国が起こした大きな公害と思っている。枯葉剤の影響で体が不自由になった子どもたちは、大人たちに戦争を止めてくださいと訴えている。経済成長ばかりを追求する国策による福島原発事故の被害も公害と考える。辺野古新基地建設も国策だが、そのために自然が破壊されている。将来、爆音公害の標的となる不安を抱かせる。東海道の旅で見た第五福竜丸事件関係の展示館からも、核兵器、原発事故に対する警告を感じた。

「右、京大坂道・左、いせ参宮道」と大きく書かれた道標の立つ日永の追分という場所があった。追分は道が2つの方向に分かれている場所。天照大御神を祀ってあるという伊勢神宮は、昔から心のふるさととして民衆に人気がある。東海道中膝栗毛の弥次さん喜多さんも、伊勢参りをするために東海道を旅している。私は江戸の方から歩いてきた。そして京都を目指して右方向の道を進む。伊勢方面へ行く自動車の数も多かった。

電車を見るとシャッターを押したくなる

2月12日（火）加佐登―亀山市関　早朝の電車で四日市に戻り、コンビナートの近くまで行って撮影した。その後電車で昨日通った追分まで行き、分岐点の状況を撮影した。分岐点となっている中央の場所に鳥居が立っているが、そのふもとに湧水が流れてくる井戸があり、ひっきりなしにその水を汲《く》みにくる人たちがいた。車で来て大きなペットボトルやポリバケツを一杯にしていた。その水を沸かし、お茶やコーヒーをいれ、ご飯を炊いたりするとのことだった。コンビナートを近くで見ることができ、追分の水汲みという昨日には見られなかった光景を撮影できてよかった。その後電車で加佐登まで戻り、関まで歩きながらまだ小さなつぼみの桜並木、冬に咲く水仙の花を見た。

2月13日（水）関—片山神社　昔の関宿を想像できるような古い家が長い距離にわたって並んでいる。当時の旅籠が公開されていた。1階には雛人形があった。男女とも着物、人形が正確に再現されている。かなり高価であったろうと思われた。江戸時代、大金持ちの商人がいた一方で、雛人形ひとつの値段分に苦労した農民もいただろうと思った。豪華な雛人形から江戸時代の文化を想像した。2階の部屋には当時の料理の膳が蝋で再現されていた。焼き魚がついている。晩酌の徳利もあった。旅をしている男性の寝床と、合羽などの衣類が並べられている。私はいろいろな物が入った約10キロのリュックを背負っているが、昔の旅人は必要最小限の荷物しか持たなかったことがわかる。

2月14日（木）関—甲賀《こうが》市水口《みなくち》　鈴鹿峠の旧道は石畳や急な坂で今は使われていない。標高は357メートル。峠は三重県と滋賀県の境界になっている。今でも箱根に次ぐ難所と言われているというので困難を覚悟したが、思ったより楽だった。国道1号道路が続いていて、峠の下はトンネルになっているようだ。旧道は徒歩者に残されているが、それ程長くない。峠を上ったところに大きな常夜灯があった。重量38トン、高さ5・44メートルとのこと。旅の安全を祈願して建てられ、昔は峠を越える人の目印となったという。旧東海道にある寺院には常夜灯が多く見られるが、ロウソクや菜種油で道を明るくする目的のほか、伊勢神宮への信仰の意味もあったという。峠の上から高速道路が見えた。

峠を越えると急に冷えてきた。小雪が舞っていた。上着の上から仲間が贈ってくれた白いジャンパーを着た。これもモンベル製である。地元の人は、峠の向こうは太平洋側で暖かい、こちら側は寒いと語っていた。

昔の関宿を思わせる古い家なみ

2月15日（金）水口―湖南市　今日もとても寒い。しかしもう少し我慢すれば春になる。道中の各所で桜を見ることができるだろう。冬は花が少ないので、池や川の鴨、鵜、青や白の鷺が撮影の対象になる。私は昔タイプのカメラマンなので、連写はしない。1枚1枚シャッターを押す。電車を見ると撮影したくなる。ベトナムで民族衣装のアオザイを着た女性を見るとシャッターを押したくなるのだが、それと同じ気持ちかもしれない。電車が好きなのは、乗っている人はどのような目的で、どのような気持ちなのだろうと思いを巡らすことができるからである。

学校から帰宅する子どもたちと出会った。私たちの小学生時代は、全てにおいて極端に物が不足していた。傘がなく、雨の日に学校へ行けず、翌日先生に叱られたことを思い出す。それでも森や川へ行き、野外で暗くなるまで遊んだ。その時の小さな冒険が今の徒歩の旅に結びついているのかもしれない。

2月16日（土）湖南市―大津市瀬田　ホテルの食堂から、まだ朝の6時半と薄暗いのに国道1号道路を走るトラックが頻繁に見えた。運転をしている人たちが日本の経済を支えていると思うと親近感を覚えた。早朝の太陽を背に電車が走ってきた。反射的にシャッターを切った。旧道は住宅が並び土曜日なのに乗用車の交通量が多かった。旧道は歩道がほとんどないので、国道より気を使う。車がすれ違う時は、一方が止まって対向車が通り過ぎるのを待っている様子を各地で見かけた。旧道沿いに住む人たちが朝は車で通勤し、夕方は帰宅する。自転車で通学する学生たちが後ろも見ずにスピードを出している様子を、ハラハラしながら見かけた。

2月17日（日）大津市瀬田―京都市三条大橋　今日、三条大橋に着いたら東海道の旅が終わる。明るいうちに京都に到着したかったので、まだ暗いうちにホテルを出発した。通勤時間帯になると旧東海道は車で混雑するが、今日は静かだなと思っていたら日曜日だった。昔宿場のあった場所に近いところには家が密集して、駐車場に苦労しているようだった。庭を削って車が置いてある家が多く見られた。

旧東海道は瀬田唐橋を渡る。かなりの人が競争ボートを漕いでトレーニングしていた。大学のボート部と思われたが、ボートで運動している年輩の人、女性もいた。市街の中心を流れる川は波もなく、ボートに適していると思った。向こうの国道に架かる瀬田川大橋では、車が頻繁に往来していた。

京阪石山駅の陽当たりのいいベンチでひと休みして、北海道で世話になった古川聰さん、寺本千名夫先生や友人たちに、今日京都に到着すると電話すると、皆さん喜んでくれた。日本橋をスタートしてから49日になる。

琵琶湖に近い義仲寺《ぎちゆうじ》に、木曽義仲と並んで芭蕉の墓があった。大阪で亡くなった芭蕉は義仲を敬愛していたとのこと。「木曽殿と背中合わせの寒さかな」という芭蕉の門弟・島崎又玄《ゆうげん》の句碑があった。旧道の旅で芭蕉の句といくつか接してきたが、旅の終わりの日に芭蕉の墓を見て、芭蕉の長旅を想像した。

三条通りの文字を見て、東海道の旅の終点に近づいてきたことを実感した。京都を訪れた時、遠くに見ていた東山連峰の九条山の坂を下り、蹴上駅を通り過ぎると、いよいよ京都という気持ちになった。外国から来た観光客も見られた。三条大橋に近づくと、男女の着物姿もあった。以前、三条大橋で着物を着た人を多く見て、さすが京都と思ったが、中国、台湾、韓国など、アジアから来た観光客の多くが、貸衣装店で借りた着物を着て京都の旅を楽しんでいると聞いた。

高校の修学旅行で、三条大橋の市内側右たもとにある近江屋という旅館に泊まった。60年以上前なので、古式な建物だった。その時、私は仲間数人と鴨川のほとりで「カチューシャ」「草原情歌」など当時流行していた青春歌や校歌などを合唱した。近くにいた若い女性からお菓子を貰ったのを覚えている。

東海道の旅は三条大橋で終わった。次は山陽道を歩き、終着地の沖縄に近づく。

東海道の旅を振り返る

東海道を歩くという長年の夢を80歳になって実現させた。満足感がある。東海道の旅が終わって広重の五十三次の絵を見直し、東海道中膝栗毛を読み直すと、旅で見た光景と重なって面白い。

例えば当時、大井川は人足の担ぎ台や肩車でしか渡ることを許可されていなかったそうだが、大名行列が川を渡るところや順番を待っている様子が広重の絵にある。今は約1キロの頑丈な橋を、大型トラックが往来している。弥次さん喜多さんは侍のふりをして大井川を渡る料金を安くさせようとするが失敗。担ぎ台に乗って川を渡るが、急流に怯《おび》えながら金谷側に到着する様子などが書かれている。

江戸時代から東海道を中心に町が栄えていたので、宿場のあった場所には家が密集して歩道のない道路が多い。旧道には寺院が多い。私は困った時の神頼みで無宗教だが、お寺、教会、モスクなどの雰囲気が好きだ。住職が住むお寺もあったが、無人の寺も多かった。時々、思いついたようにお寺に寄った。横浜市の近くのお寺は、開港時、アメリカ、フランス、イギリス、オランダなどの領事館となった。小さな川を隔てて、慶運寺、浄瀧寺があったが、フランス人、イギリス人がその寺に住み、日本と交流を図ろうとしていたのだなと当時を想像した。寺には樹齢数百年になる銀杏、欅《けやき》、榎、椋《むく》などの木があり、その大木を見るのも楽しみだった。寺には枝垂《しだ》れ桜の古木があった。桜並木のある旧道や公園を各所で見て、春は見事に開花するだろうなと思った。

東海道は源頼朝が源氏再興を祈願した寺、義経が浄瑠璃姫へ手紙を書くために使った硯《すずり》の水の碑、徳川家康が植えたみかんの木がある駿府城跡など、日本の歴史に接することができる。住職が河童を助けたお礼に貰った茶壷を飾ってあるという寺もあった。寺にはいろいろな伝説も残されていて面白い。

東海道には53の宿場があった。川崎、沼津、大津ほか、今はJRなど鉄道の駅に近い場所ではビルが建ち並び、宿場町の面影は感じられないが、名鉄有松駅に近い旧家が並ぶ街道は見応えがあり、いつかゆっくり訪れてみたいと思った。JR関西本線の関駅にある関宿跡も、参勤交代の時に大名が利用した本陣の門や建物の一部が残っていて、町並み全体がよく保存されていた。当時の旅人が泊まった旅篭が資料館として公開され、台所、風呂場、便所などが見られた。

街道の各所にはかなり多くの松並木が残っている。徳川幕府は五街道と呼ばれた東海道、中山道、日光街道、奥州街道、甲州街道と、そのほかの街道を整備して参勤交代、江戸と地方を結び幕府の繁栄を図った。松並木は風景をよくし、夏には日陰を作って旅を助けた。多くの松並木は市街整備で失われたが、それでも茅ケ崎、藤枝の松並木は心を癒《いや》してくれた。一里（約4キロ）の目印となる一里塚も各所に残っていた。

第４章　山陽道、友人たちと再会

京都を出発した時は冷たい風が吹いていたが、岡山県に入って暖くなった。
赤穂線西片上駅近くの早咲き桜と菜の花。2019年３月14日

2月25日（月）諏訪市―京都市　17日に東海道の旅を終えて、2ヶ月に1回の病状検査のため、いったん諏訪へ戻った。２００６年、心筋梗塞の時、電気ショック（ＡＥＤ）5回で蘇生、昨年も2度カテーテル手術を受けているので、診察後、薬を出してもらっている。幸い、血液検査でも全てにおいて標準値で、歩くことが健康にいいことが証明された。

京都へ向かった。前日、沖縄普天間飛行場移設に関し、辺野古《へのこ》沿岸の埋め立ての賛否を問う県民投票が行われた。私は、戸籍は沖縄にあるが、住民票は諏訪市なので投票資格はない。しかし結果に注目していた。

辺野古埋め立てに反対する翁長雄志《おながたけし》、玉城デニーの両氏が知事選で当選し、辺野古移設に反対する県民の民意は示されていたが、工事が強行されている中での県民投票だった。結果は投票率52・48パーセント、反対72・15パーセント、賛成19・10パーセント、どちらでもない8・75パーセントだった。これまで知事選などで辺野古移設反対の民意が現れると安倍晋三首相は、「沖縄の声を真摯《しんし》に受け止め、沖縄の気持ちに寄り添って基地負担の軽減を考える」と繰り返してきた。しかし基地建設を強行してきた。

辺野古移設反対には、薩摩藩の侵略、琉球併合、沖縄戦、１９５２年、サンフランシスコ条約発効でアメリカ施政下に置かれたことなど沖縄の民意が無視されてきた歴史が根底にある。オスプレイ配備反対集会にも10万人近くの人々が参加したが、2ヶ月も経たないうちにオスプレイは配備され、しかも12機が24機に増加されていた。県民投票の結果は各メディアが大きく扱った。県民投票は沖縄人の意思を表すと共に、本土に沖縄の状況を知ってもらう結果になった。沖縄の友人たちに電話すると、投票率が高かったこと、反対票が知事選で玉城デニー氏の獲得した票を上回っていたことを喜ぶ声が多かった。普天間飛行場のある宜野湾市でも、反対票は60パーセントを超えていたという。

大阪で沖縄県人会の人たちと

2月26日（火）京都市三条―京都市淀　東海道の終着地点だった三条大橋を出発する前に立命館大学の国際平和ミュージアムに寄った。ミュージアムには日本のアジア・太平洋戦争下の国民が当時使っていた生活用品、赤紙といわれた召集令状、兵士が使った軍服や靴などが展示されている。第二次世界大戦後、世界で起こった戦争も写真などで紹介され、その中でベトナム戦争がどのような戦争であったか詳しく説明されている。

私が寄贈した、ベトナム戦争撮影に使用したライカM2と、ニコンFとレンズも写真と共に展示されている。ミュージアム初代館長の安斎育郎教授とは親しくさせていただいている。ミュージアム館員の皆さんに、徒歩の旅頑張ってと見送られたことは大きな励みとなった。

今回は下関までの山陽道を主に歩くことになるが、時には戦後にできた国道も歩く。山陽道は西宮を起点にして下関まで続いている。京都から西宮までは唐街道・山崎通りとも呼ばれたが、その跡を辿《たど》らず宿のホテルまで国道を直行した。

新聞に第五福竜丸の操舵手だった見崎進《みさきすすむ》さん（92）の小さな死亡記事が掲載されていた。長生きしたが、福竜丸に関しいろいろな思いがあったろうと想像した。

2月27日（水）京都市淀―大阪府枚方市　淀川、木津川と書かれた大きな橋が堤をはさんで2つ並んでいた。説明には、琵琶湖を水源にした宇治川、三重東部水源の木津川、京都北部水源の桂川が淀川と合流する場所と書かれている。

木津川の河原にある道を歩いた。休日はジョギングをしている人もいると思われたが、自転車でトレーニングしている数人の人と出会うだけだった。道端にはタンポポ、ヨモギなど春の花が見られ、ウグイスの鳴き声を聞いた。今年初めてだった。まだ完全な鳴き方ではない。姿を確かめようと目を凝らした。ウグイスは警戒心の強い鳥で、私の家の近くでも鳴き声はよく聞こえるが、姿を見るのは時々である。

灌木《かんぼく》の中で小鳥が動いているが、小枝が邪魔をしてはっきりと見えない。やっと1枚撮影できた。ウグイスに違いない。カメラマンとして「やったー！」という気持ちだった。しかし、後でカワラヒワとわかった。

2月28日（木）枚方市—吹田市　朝から雨が降っていた。ポンチョを被《かぶ》って淀川河原堤を歩いた。雨なので人影はほとんどない。雨の降る静寂な道は好きだが、カメラが濡れることを注意するので思い通りシャッターが切れないことは最大の難点。水上運搬船がいくつも河口から川上へと向かっていた。何を運んでいたのだろう。子どもの頃、石炭で音をたてながら走る運搬船をポンポン船と呼んでいた。今は音もなく流れている。途中で毎日新聞の高尾具成さんと合流した。

夜は県人会の人たちが激励会をしてくれることになっていた。疲れが出たのか、休み休みしてホテル到着が遅れた。沖縄県人の多い大正区で「沖縄文庫」を開いている金城馨さんがホテルに迎えに来てくださった。会場にはすでに15名程の人が待っていて、食事や泡盛が進んでいた。皆さん拍手で迎えてくれて感動した。遅れたことをお詫びし、まずはビールで乾杯した。遅れた人が到着する度に乾杯するのが沖縄式である。

2人の人が三線《さんしん》を弾き、民謡を歌った。そのうち2人がカチャーシーを踊り、皆で手を叩いて調子をとった。泡盛、三線、歌、踊りは沖縄の飲み会独特であり、定番である。私は幸福な気持ちになり、疲れも忘れた。三線は「二見情話」を奏でた。私も何度も聴いているが、二見という小さな漁村の男女の別れの悲しみを表し

大阪沖縄県人会の人たちが沖縄料理店で激励会をしてくれた

たしっとりとした歌で、大好きだ。二見は辺野古に近い。誰かが二見情話と基地建設は似合わないと言った。その通りだと思った。

3月1日（金）大阪市都島区—西宮市甲子園

県人会の金城静八さんが旧道を案内して下さった。大阪城を左に見ながら歩いた。ビルの間から城が姿を見せる。東京でスカイツリー、静岡で富士山を様々な角度から見た時を思い浮かべた。

天満宮に寄った。大勢の人が参拝していた。受験する人の合格祈願の結び紙や、触ると合格するというなで牛もあった。食べ物や風船などを売る屋台が境内に並んでいた。夫婦で沖縄菓子「サーターアンダギー」を売っている店があった。先祖は奄美大島とのこと。奄美も薩摩藩に侵略される前は琉球圏だった。大阪は奄美出身も多いとのこと。金城さんと「サーターアンダギー」を買った。

途中から金城馨さん、県人会機関誌「容樹」編集担当の永峰眞名さん、県人会文庫本部の具志堅和男会長、高尾具成さんも加わって、しばらく一緒に歩いた。高尾さんは以前、大阪でイラク、アフガニスタンなどを取材するジャーナリストのシンポジウムを企画し、私も参加して以来、時々連絡をとっている。

3月2日（土）甲子園―神戸市三宮　2月28日、ハノイでトランプ大統領と金正恩朝鮮労働党委員長の会談が行われたが、双方の要求が一致せず、合意文書に署名されずに、委員会も行われなかったとのこと。私は会談が成功することを心から願っていた。北朝鮮の核兵器の脅威と沖縄基地の必要性を、政府はたびたび発表しているからだ。

両首脳の会談の場所となったホテル「ソフィテルレジェンドメトロポールハノイ」は、私もベトナム戦争中に3度、長期滞在したことがある。当時は「トンニャット（統一）ホテル」と呼んでいた。フランス植民地時代に建てられたホテルで、部屋はものすごく広かったが、バーもなく、レストランもベトナム料理、洋食の2種類の定食だけで味も良くなかった。ホテルの周りに爆撃に備えたタコツボ（防空壕）もあった。今は改装されて、最高級ホテルになっている。そこでの米朝首脳の会談には、戦後の大きな変化を感じた。

3月3日（日）神戸市　ノート整理と原稿。

同時代を生きてきた友人

3月4日（月）三宮―須磨海浜公園　朝から雨が降っていたので、防水用カメラを用意し、ポンチョを被った。ホテル出発を見送りに来た岸本進さん（75）夫妻と会った。岸本さんは、児童文学作家の灰谷健次郎さんが小学校教師時代、同じ学校で教員をしていて、灰谷さんとの交流が深い。私も灰谷さん、岸本さんと一緒にベトナム、カンボジアほかのアジアを旅し、私の家にみえたこともある。灰谷さんが亡くなって12年が過ぎた。岸本さんと久し振りに会って、とても懐かしく嬉しかった。

神戸市長田区の蓮池小学校には是非寄りたいと思っていた。校舎の横を通るだけだったが、校庭に子どもたちがいないかと見渡した。ちょうどお昼時で、小雨のせいか1人も見えなかった。学校の周辺に高い金網が巡らせてあった。子どもたちの安全を守っているのだろう。

1995年1月17日の阪神・淡路大震災の2日後、私は大阪からタクシーで行けるところまで行き、あとは歩いた。高速道路が折れて、バスが引っかかっている場所で、当時マグナムの会長だったフィリップ・ジョーンズ・グリフィスと会ったことを覚えている。グリフィスとはベトナムで何度も会っていて、私の写真集『戦争と人間』（創和出版）の序文も書いてくれた。

長田区ではまだ炎が残っていた。蓮池小学校には避難した人々が大勢いた。私は蓮池小学校の階段で夜を過ごそうとカメラカバーに座っていた。寒くて震えていると、区の人が毛布を1枚貸してくれた。

今回、神戸から震災のあとを歩き続けたが、当時建物が崩壊していた場所には新しい建物が見事に建ち並び、ベトナムの戦争被害地と比較して日本の国力を感じた。震災の痕跡は感じられなかった。蓮池小の生徒も震災後生まれ。震災は家や学校でどのように語り継がれているのだろうと思った。

須磨海浜公園の国民宿舎「シーパル須磨」に、ベトナム戦争時代、サイゴンの小さな商社で仕事をしていた森安宏さん（76）と、現在の仕事を共にしている目見田典子さんが迎えに来た。

森さんとは、メコンデルタでバナナを栽培していた澤口徹行、山元昭、工場技師の杉本泰一、日本大使館の川原潔ほかの友人たちとよく一緒に酒を飲んだ。森さんの住む垂水区の日本料理店で、ベトナムで一生懸命に過ごした若い頃の思い出を語り合った。当時サイゴン（現ホーチミン市）にいた人も、戦争終結後44年が過ぎて亡くなった人もいる。お互いに長生きして、サイゴンを話し合おうと再会を約束した。

3月5日（火）神戸市須磨―明石市　須磨浦公園に近い一ノ谷は、1184年、源氏と平家の戦場となった場所。源氏の六甲山からの攻撃を受けた平家は敗れ、数え年16歳の平敦盛《たいらのあつもり》が討ち死にしたという。敦盛を祀《まつ》ったとされる石の五輪塔があった。

海上では漁船が沖から戻ってきていた。今日は大阪湾、播磨灘のイカナゴ（今年生まれたシンコ〔新子〕）漁の解禁日だった。3センチから7センチのイカナゴ漁は春の訪れを告げる風物詩と言われている。通り道にあった塩屋漁港に寄ると、漁船は停泊していたが、人影はまばらだった。午前5時半に出漁、10時に終了した水揚げは、垂水漁港で済ませたとのことだった。垂水漁港も水揚げを終えて静かだった。

漁連直営店では、シンコは「くぎ煮」にして販売しているが、早朝に全て売り切れたという。「昨年も不漁だったが、今年は大不漁」と店員が語っていた。予約済みという「くぎ煮」を見せてくれた。醤油、砂糖、生姜で煮詰めてあるそうだ。

舞子ではいろいろな角度から淡路島にかかる明石海峡大橋を眺めることができた。橋の下をたくさんの貨物船がくぐっている。マリンピア近くで大橋を撮影していると、「イシカワさんですか?」と女性から声をかけられた。3年前、垂水で森さんと会って食事をした時の店で働いていたベトナム人女性ヴォー・チ・ル・トムさんだった。今もその店に勤め、デザインの勉強をしているという。

私は旅先で沖縄とベトナムの人に会うと、他人のような気がしない。皆に頑張ってほしい、その場所で成果をあげてもらいたいと思う。トムさんは、近くに住んでいる森さんから私が徒歩の旅をしていると聞いていたが、偶然会えてよかったと喜んでいた。私も嬉しかった。

明石に住む坪谷令子さんと会った。坪谷さんも、灰谷さんが勤務した神戸市の小学校で教員として一緒に働いていた。その後、灰谷さんの『せんせいけらいになれ』（理論社）ほかの本の挿絵を担当し、絵本も共に出版している。

灰谷さんの『アジアを生きる』（実業之日本社）では坪谷さんも一緒にアジア各地の旅をした。理論社の社長だった、長野県上田市在住の小宮山量平さんは、灰谷さんと長野の私の家にみえたこともある。坪谷さんは昨年（二〇一八年）、神戸市で個展も開いている。２００６年、灰谷さんは72歳で亡くなったが、灰谷さんと共に生きた時代を語り合った。


3月6日（水）明石市―加古川市　川を渡る時、必ず橋の下を見る。魚がいると得をしたような気持ちになる。また、小魚を狙う水鳥がいると写真を撮りたくなる。冬は魚も水草の影に潜んでいるようだった。大きな鯉が明石川の浅瀬のあちこちに固まりになっていたので驚いた。何故なのだろう。卵を生んでいる様子でもない。鯉が河口近く、この時期に集まっているのは何か理由があるはずだが、わからない。

道路沿いに富士通、コカコーラなど大きな工場が並んでいた。工場入口の塀近くの桜が花を開かせていた。長野の家の近くでも、一番早く咲く桜はＪＡ直売店近くの塀の横だった。太陽の熱が塀に反射して温度が上がるからと思われた。もう1ヶ月もしないうちに山陽道は桜に覆われるだろうと思った。

用事で近所に行くと思われる男女のお年寄りに抜かれた。歩くスピードが出ないので人を追い越したことがない。ゆっくりマイペースで、いつの間にか目的地到着が石川流と言われたことがある。

「娘に旅のことを話してください」

3月7日（木）加古川市─姫路市　1300年以上前、大和朝廷が唐や新羅《しらぎ》、百済《くだら》の使者を迎えた道が、その後の山陽道に結びついたとのこと。京都から下関の600キロの道を整備し、西宮、明石、姫路、岡山、広島、下関など56宿駅が置かれ、参勤交代のための本陣もあった。姫路に着いた時は夕方になっていたが、国道からライトアップされた城が見えた。

3月8日（金）姫路市─たつの市　姫路城は午前9時から中に入ることができる。多くの観光客が来ていたが、その多くが中国からの人たちだった。三国志など中国には歴史的な戦いの物語があるが、日本の城とは大きく異なっている。世界文化遺産に登録された姫路城に中国の人々は関心があるようだった。6階に天守閣のある姫路城は、1618年に全てが完成したそうだが、各階を見ていると400年前にこのような建築物を造った当時の権力者の力を感じた。10時頃になると観光客が増えて、アジアだけではなく欧米からの人も多かった。

3月9日（土）たつの市─相生市　歩く距離が短かったので、国道ではなく旧道を歩いた。朽ち果てた工場があった。ちょうどお年寄りの婦人にどこまで行くのかと声をかけられたので、工場のことを訊いた。ここは前の国道で、戦後、鋳物《いもの》工場で大勢の人が働いていて、この一帯も賑わっていたとのこと。畑で野菜を作っているが、息子家族に分けても食べきれないので近所の人にあげている、春には前の竹藪からたくさんの竹の子が採れるという。同年代の人とゆっくり話ができるのも、今日の目的地が近いからである。

畑の横に座って山陽本線の列車や飛行機雲を出して飛ぶ旅客機を撮影していると、近くの婦人が電車を撮影しているのかと声をかけてきた。ここは見通しがいいので、時々撮影している人がいるという。北海道から歩いていると言うと、「娘に旅のことを話してください」と、小学校4、5年生くらいのお嬢さんを呼んできた。北海道の自然、東北の大震災、東海道について話した。


3月10日（日）相生市　夜、定時制高校同級生の濱田嘉一、荒井一郎、志賀賢治の3名から電話があった。東京・上野の寛永寺で催された3月10日の東京大空襲犠牲者追悼会に出席したが、１０００人くらいの参加があったという。両国高校は江東区にあるので、東京大空襲体験者が多い。

私の81歳の誕生日だった。原稿を書き終えて夜遅くホテルの近くの居酒屋へ行き、1人でビールで乾杯をした。


3月11日（月）相生市―赤穂市　ＪＲ相生駅から旧道を赤穂へ向かうと、道路横の小さな側溝で7、8匹の見事な錦鯉が泳いでいた。側溝の両側が金網で囲ってあったので、家の人が飼っているのだろう。歩いていると庭木や花に心を配っている人の姿も目についた。私はひまわりの種を庭の梅の木に下げた餌箱に入れて、小鳥がつつくのを眺めるのが好きだが、人々はいろいろな方法で心を癒《い》やしている。

長い上り坂の高取峠頂上に、4人の男が早駕籠《はやかご》を担いで走っている像があった。１７０１年3月19日、午前4時頃、ここを2挺の早駕籠が走ったとの説明があった。

3月14日、江戸城で赤穂藩主浅野内匠頭《あさのたくみのかみ》が吉良上野介《きらこうずけのすけ》を斬りつけ、その日に切腹となった。赤穂藩が取り潰されるかどうかの大事件である。電話もメールもない時代。江戸藩邸から６００キロ離れた赤穂藩家老大石内蔵《おおいしくらの》助《すけ》に知らせるために、早水藤左衛門と萱野三平が早駕籠に乗り、4日半で到着したとのこと。私は1日15キロ歩き続けて40日かかる。

赤穂城跡へ寄った。大石内蔵助の屋敷や四十七士の像を見た。赤穂駅から城跡まで、通りには白い蔵や古風な建物の店が並び、落ち着いた街並みで、討ち入りのからくり人形もあった。市民は四十七士の仇討《あだう》ちを誇りとしているように感じた。

3月12日（火）赤穂市―備前市　峠が続いた。鳥打峠をゆっくり上っていくと、梅や木蓮《もくれん》の花が咲き、昨年のどんぐりの実がたくさん落ちていた。もうひとつ福浦峠を越えると、「ここから岡山県」の文字が見えた。峠が昔の播磨国（兵庫県）と備前国（岡山県）の境界になっていた。全国に峠が国を分けていた場所がたくさんある。次の県に移る時、ひとつの県を歩いてきた、違う県にはどんな体験が待っているだろうと高揚感が起こる。

日生湾《ひなせわん》に牡蠣《かき》養殖のイカダが並んでいた。離れ島に渡る橋も見えた。

北海道・東北以来、ビジネスホテルでなく久し振りの日本旅館だった。夕食は牡蠣のフライ、焼いた牡蠣が出てきた。宿の主人に旅のことを話した。以前は釣り人が多かったが、最近は少なくなった。海産物や牡蠣料理を食べに寄る旅人が多いとのことだった。

3月13日（水）備前市―備前市西片上　旅館の窓から朝焼けの海を写した。旅館やホテルから見る風景が好きだ。通りを歩いている人からそれぞれ一生懸命に生活を送っている姿を想像する。

旅館から近い港にホタテの殻《から》がたくさん積んであった。北海道では各地でホタテの養殖を見てきたが、ここに何故ホタテの殻があるのだろうと思った。地元の人に聞くと、縄にホタテの殻を並べて海中に吊るしておくと、牡蠣の稚貝がつき、時期に応じて選別して育てるので、ホタテの殻はなくてはならないものとのことだった。海から戻ってきた漁船で、成長した牡蠣の選別をしていた。

市場へ行くと牡蠣を売っていた。籠にたくさん入っていて安い。親しい仲間と焼酎を飲みながら、昔風に七輪の炭で焼いて食べたらうまいだろうと思った。日生湾の牡蠣を目的に多くの県の人が旅を兼ねて買いにくるとのことだった。

初めてパトカーに乗る

3月14日（木）西片上―岡山市西大寺　昨日も旅館に泊まった。旧山陽道にある「ゑびすや荒木旅館」は1856年創業とのこと。今の女将、荒木陽子さんは7代目。娘の咲子さんとその夫が調理師として旅館を支えている。

旅館にゆかりのある人として、明治天皇、与謝野鉄幹・晶子夫妻、犬養毅、バーナード・リーチ、イサム・ノグチ、美空ひばり、島倉千代子ほかの名がパンフレットに記されていた。

共同のトイレと風呂は新しくしてあるが、昔のままの旅館という佇《たたず》まいだった。私が泊まった普通の8畳の部屋は、北大路魯山人《ろさんじん》も使用したとのこと。夕食はお頭《かしら》のついた鯛の焼き物、鰆《さわら》、刺身、焼いた牛肉、天ぷらと豪華で、朝食もついて1万2000円弱だった。

七代目女将の陽子さんと娘の咲子さんが旅館内を案内してくれた。明治天皇が昼食をとったという部屋は以前のままだという。美空ひばり、近江俊郎、春日八郎が歌ったという広間も以前と同じとのこと。現在は、ディナーショーはホテルが使われるが、ホテルがない時代、広間に地元の有力者が集まり、食事をしながら有名歌手の

1856年創業のゑびすや荒木旅館の女将、荒木陽子さん（右）と娘の咲子さん。歩き旅ではビジネスホテルに泊まることが多かったが歴史ある旅館はいいものだ

歌を聴いたという。岡山出身の柴田錬三郎が長期滞在して小説を書いたという部屋もあった。

陽子さん、咲子さんと姉が子どもの時に祝ったというそれぞれの雛壇と、多くの備前焼が展示されていた。陽子さん、咲子さんの話を聞き、古い旅館の内部を見て、ホテルでは得られない体験をした。

赤穂線西片上駅前に早咲きの桜があり、電車に乗り降りする客がスマホで撮影していた。その下に菜の花も咲き、春の訪れを感じさせた。

国道2号を歩いていると、バイパスとなり歩道がない。バイパスの横にある道にバスの停留所があり、岡山駅まで行く。岡山から今日泊まるホテルの西大寺駅まで行くことはできる。その向こうにもう1本道があり、国道2号道路と合流するか訊《き》きたかったが、近くに家や事務所がなかった。

路側帯を歩くことに決めて、向こうからの車に用心するために右側を歩いていると、反対側にパトカーが来た。警官が2人乗っていて、窓を開けて何か言っている。徒歩の旅を励ましてくれているのかと思ったが、トラックの交通が多くよく聞こえない。そのうち1人がパトカーから降りて、往来する車を通行止めにし、私を誘導してパトカーに乗るように言った。私は車の運転ができないので認識不足だったが、バイパスは歩いてはいけないことになっているらしい。バイパスを歩いている人がいるという通報があったとのことだった。

パトカーの中で免許証があるかと訊かれたが、私は何も身分証明書を持っていないので、名刺と毎日新聞大阪版に掲載された徒歩の旅記事のコピーを渡して、日本縦断をしていると説明した。そのことを無線で本署に連絡していたが、とても親切で叱られることもなく、バイパスの終わるところまで約4キロ送ってくれた。パトカーに乗るのは初めてだった。

早くホテルに着いたので、岡山に住み、沖縄で製作された映画についての著書もある世良一則さんと早く会うことができた。世良さんとは会ったことはなかったが、連絡はとりあっていた。かつて父の文一が沖縄タイムスに連載した小説「大動乱」を自ら監督して映画化した。1957年、私も撮影現場を見たことがある。映画は完成し、沖縄で上映されたが、沖縄だけでは採算が取れなかった。今、そのネガが行方不明になっている。真喜志康忠ほか、当時の沖縄芝居を代表する役者が出演していたので、その人たちの映像は貴重になっている。プリントの一部が沖縄NHKにあり、放送されたことがあるが、是非ネガを探し出したかった。世良さんも積極的だったので、徒歩の旅終了後、沖縄タイムス、琉球新報に協力してもらってネガ探索の記事を掲載しようということになった。今、沖縄県糸満市摩文仁《まぶに》にある平和祈念資料館にポスターが展示されているが、残っているのはそれだけである。

3月15日（金）西大寺―岡山駅前　昨日は冷たい西風が吹き寒かったが、今日は暖かかった。大きな自動車教習所があったので、しばらく眺めていた。教習を受けている人は男女の若者が多い。私もベトナム滞在中に免許を取ろうとしたことがある。教習所でなく、いきなり道路で運転させられた。事故を起こして人を傷つけたら大変と思い、一度だけの運転でやめた。帰国してから教習所へ行こうと思ったが、結局覚えることもなく現在に至った。パソコンも全くダメ。機械は苦手である。カメラも機械ではないかと言われたが、カメラは心を表現する道具と思っている。

岡山市内に入ると市電が走っていた。電車と同様、市電も大好きである。1日中撮影しても飽きることがない。今回の旅では函館市内でも市電を撮影した。いろいろな色の電車が動いている。岡山駅前が始発であり、終点になっていた。

岡山で備前焼をしている沖縄出身の陶芸家がいると聞いていたので、連絡すると、通り過ぎた伊部に住み、窯《かま》を備えているが、横浜での個展が終わったばかりで今は陶器を焼いていない。ホテルまで来るとのことだった。

ホテルに近い居酒屋に行った。友利幸夫さん（53）は1965年6月17日宮古島に生まれた。高校卒業後、沖縄本島で2年間、陶器焼きを修業した後、北海道まで徒歩の旅をしようと鹿児島へ渡った。4月だった。20万円しか持っていないので、野宿が多かった。九州、四国、紀伊半島と歩いたが、秋が深くなり寒さが身にしみてきたので、岡山で備前焼陶芸家に弟子入りをした。

沖縄の焼物も盛んだが、沖縄と岡山では土が違い、製品も変わってくる。備前焼の持つ特性に魅かれたとのこと。現在日常的に使用する花瓶、徳利、猪口《ちょこ》、茶碗などを焼き、収入を得ながら個展で展示する作品を作っているとのこと。

沖縄出身の備前焼陶芸家を取材するつもりが、友利さんは私の世界一周無銭旅行出発やベトナム戦争取材活動などに関心を持ち、いろいろと質問された。お互いに自己のことを話しながら、楽しい酒を飲んだ。今度は焼いている姿を撮影に行き、また話し合いたいと思った。

3月16日（土）岡山市—倉敷市　朝と夕方は慌ただしいが、歩いている時は暇なのでいろいろなことが頭に浮かんでくる。倉敷では美観地区に寄り、以前に行った小さな酒場にも顔を出したいと思ったが、時間も遅くなり、疲れを感じていたのでホテルへ直行した。

豪雨被災地と写真洗浄

3月18日（月）倉敷市—三原市　倉敷市には以前に2度訪れたことがある。その時に美観地区にある大原美術館で、沖縄の壺屋でも陶器造りを学んだという浜田庄司の作品を見た。普段あまり美術館には行かないが、もう1度は岡山市で仕事があった時、夢二郷土美術館に寄った。私は竹久夢二とイタリア生まれのモディリアーニの描く女性像が好きだ。どちらの絵からも寂しさを感じる。宵待草の歌を聴くと、夢二の絵が浮かんでくる。

高校生の頃、モディリアーニを主人公にした「モンパルナスの灯」という映画を観た。全く絵が売れず、酒に溺れるモディリアーニが亡くなると、それを待っていたかのように絵を安く買い漁る画商の姿が印象に残っている。2人は同じ年に生まれている。夢二は私の住む長野県で49歳で、モディリアーニはパリで35歳で亡くなった。

昨年7月、西日本集中豪雨で大きな被害を受けた倉敷市真備《まび》地区を訪ねた。岡山県では61人が犠牲になった。そのうち51人は真備地区からとなっている。豪雨で増加した水で堤防が決壊し、住宅地が水浸しとなった。真備地区ではまだ仮設住宅に住む人がいるが、地区で復興の工事が行われていた。

浸水で住めなくなった家を壊し、新しい家やアパートが建てられ、決壊した土手の修復工事も行われていた。

西日本集中豪雨災害（2018年７月）で大きな被害を受けた倉敷市真備地区。修復工事が行われていた。2019年３月18日

新しい家は土を盛り上げ塀で水を防ぐ工法が見られた。

　倉敷市災害ボランティアセンターを訪ねた。プレハブの建物で、約30人が写真洗浄をしていた。センター長の日野林《ひのばやし》典人《のりひと》さんによると、ほかに約30人が災害現場で家の掃除など市民が帰宅するための準備を手伝っているとのこと。写真洗浄作業を初めて見た。災害被害者が持ってきた、泥にまみれた写真を薬で洗い、乾燥させてアルバムに入れて持参者に戻している。１枚１枚丁寧に洗っていた。

　昨年、水害後からボランティア活動をしているという高原里乃さん（26）は愛知県から来ていた。水害のことを知り、退職してボランティア活動を続けている。もう少し続けて、デザイナーの勉強に戻るとのこと。何故、ボランティア活動をしているのか。「家の掃除の手伝いがあんなに喜ばれるとは思わなかった。写真を洗って返した時、受け取る人の嬉しそうな表情に喜びを感じる。被災者、ボランティア、いろいろな人から教わることが多かった。今後の人生にプラスになると思う」と言っていた。

3日間の連休を利用して来ていた別の女性は、どのような人たちがボランティアをしているか知りたかったとのこと。若い人が多かったが年輩の人もいた。皆、無報酬である。少しでも人の役に立ちたいことはもちろんだが、ボランティア活動の体験で自分を見つめ直したい、自分の人生に生かしたいという気持ちがあるようだ。

3月19日（火）倉敷市―笠岡市　朝から雨が降っていた。雨を喜んでいるような花を見ると、こちらも心が和んでくる。エンドウ、空豆が可愛い花をつけている。ほかの野菜の花も好きだ。茄子《なす》、かぼちゃ、じゃがいもなど。

3月20日（水）笠岡市―福山市　被爆地、広島で学ぶ若者たちが、太平洋戦争の激戦地、沖縄を訪ねたという新聞の記事を読んだ。沖縄で生まれた1人として、学生たちが沖縄に関心を寄せてくれるのは嬉しい。対馬丸《つしままる》記念館を訪ねたとのこと。本土へ疎開する学童が乗る対馬丸がアメリカの潜水艦に攻撃され、学童784人を含む1484人の死亡が現在までに判明している。対馬丸関係者の話を聴いたという。私の兄は対馬丸と同時に出港した別の船で鹿児島に着き、小学1年生だった私は母と迎えに行った。若者たちは日本軍が戦闘した跡地も辿ったとのこと。

福山運輸のトラックとたびたび会う。ベトナム戦争終結後、中越国境からメコンデルタまで縦断の旅をしていた時、福山運輸、京都バスの文字が残っているトラックやバスを各所で見かけた。日本の中古車業者がベトナムへ売り、ベトナムでもそのまま使っていた。最近は新しい車を輸入し、中古は見られなくなった。

3月21日（木）福山市―尾道市高須町　茨城県取手市で２０１５年に自殺した女子中学3年生の自殺原因はいじめだったと調査委員会が発表したとの記事が新聞にあった。19日の新聞にも、２０１７年に自殺した中学2年生の原因はいじめと調査委員会が認定したとの報道があった。どちらも共通しているのは、大勢で1人の子をいじめ、教員が味方とならず、学校側がいじめと断定するまでの時間がかかっている点である。

亡くなった子の親はたまらない気持ちと思う。30年くらい前、東京都中野区で自殺した男子中学生の父親の記者会見へ行ったことがある。親は開口一番「俺が悪かった」と大きな声をあげて涙を流した。同級生たちのいじめ、教員の対応によって息子が自殺したのである。それなのに親とすれば自分がもっと息子の気持ちを汲みとってあげていればと自分を責めたのだと思う。あの時の場面と声が心に焼きついている。

私が体験した小学校から高校生活では、いじめはなかったと断言できる。私は小学校で「オキナワ」とあだ名がつき小柄だったが、いじめられた覚えはないし、いじめっ子もいなくて、仲間がいじめられている様子もなかった。それは何故か。

小・中学時代は程度の差はあれ、戦後皆が貧しい中で、野外で遊び、友人たちが仲間となっていたことが大きいと思う。定時制高校では青春歌、労働歌を合唱し、生活の向上を目指した。今、子どもたちは外で走り回ることも少なくなり、精神的なうっぷんをいじめに向けているのではないか。戦後、より物質的に恵まれ、運動靴を買ってもらった時、よい本を読んだ時のような感動する心が少なくなったと思われる。

夕方、尾道の大崎義男さんがホテルに迎えにみえた。１９９2年、尾道商工会議所青年部の主催で町おこしシンポジウムが行われた時、尾道生まれの映画監督大林宣彦さん、広島生まれの元広島カープ選手山本一義さんたちと参加した。大崎さんはシンポジウム企画者の1人だった。

尾道市は坂が多く建物に風情がある。向こうに尾道水道が見える。中国、韓国の人を含め多くの観光客がいた

生涯で印象に残るビール

3月22日（金）高須町―尾道市内　尾道は小津安二郎監督の「東京物語」が強く印象に残っている。尾道に住む笠智衆と東山千栄子が東京へ行って、長男と長女の家族たちに会うという内容だった。笠智衆が坂の多い尾道の高いところから尾道水道を眺めている場面が印象に残っている。

市内に入ると、向島《むかいしま》と結ぶ尾道大橋が見える。船を造ったり修理するドックも並んでいる。橋から離れたところではフェリーが島との間を往復していた。尾道は寺が多い。浄土寺は「東京物語」のロケ地となったとのこと。映画の公開は１９５３年、66年前になる。尾道の風景も変わったという。浄土寺では子どもが鳩と遊んでいた。寺へ上る階段の下を電車が走っていた。早速撮影。

しみず食堂は以前の場所から移り新しい店になっていた。すぐ後ろに尾道水道。清水実・美江子夫妻が見送ってくれた

昼食は大崎さんと「しみず食堂」に向かった。今回、尾道でぜひ寄りたい店だった。前述の1992年のシンポジウムが終わった翌朝、帰宅する前に海岸にある小さな食堂で朝食をとろうと入った。入口のウィンドーに焼き魚、煮魚などが並んでいた。仕事を終えたと思われる人がビールを飲んでいた。私もその日は帰るだけと思って、ビールと魚を注文した。そのうち店の美江子さんが裏の海から小魚を網ですくって唐揚げにしてサービスしてくれた。これに感動して、朝からビールを3本飲んだ。生涯で印象に残るビールだった。

前にはなかったラーメンの大きな看板があった。尾道ラーメンは1947年に台湾の人が始め、醤油味、豚の背油、平麺が基本だが、店によってそれぞれの味、違いがあり、今ではブランドにもなっているとのこと。私も尾道ラーメンを注文したが、他の客もラーメンを食べていた。チャーシューにメンマとシンプルだが、うまかった。

しみず食堂の次に、千光寺へ上るロープウェイの麓にあるカフェ「こもん」に行った。代表取締役の大谷治さんもかつてのシンポジウム企画者の1人で、その時以来の再会だった。店は満員で若い人が多い。最近観光客が増えていると大谷さんは言う。若い人が町や寺巡り、路地、坂道を歩き、ラーメンや瀬戸内海の魚を味わう。市も観光に力を入れ、中国ほかアジア、ヨーロッパの人も増えたとのこと。

千光寺までロープウェイで上り、帰りは歩いて坂道を下りてきた。文学のこみちがあり、志賀直哉、中村憲吉が住んだ家も残っており、観光客が訪れていた。以前に読んだ志賀直哉の小説「暗夜行路」には尾道の描写もあった。林芙美子も少女の頃から女学校を卒業するまでの6年間を尾道で過ごしている。

3月23日（土）尾道市―三原市　選抜高校野球大会の開会式を見るため、旅の出発を遅らせた。可能な限り、春夏甲子園大会の開会式は見ている。大会歌が流れ、選手の行進が始まると胸が高鳴り、今年も元気に開会式を見ることができたと感動する。新聞社カメラマン時代、何度か甲子園へ撮影に行った。若い選手たちが一生懸命プレーしている姿は素晴らしい。

午前中は晴れて、大勢の人がサイクリングをしていた。フェリーで向島に渡るサイクリング姿も見える。尾道商業高校の門から野球選手たちが出てきた。昼食の弁当を買いに行くようだ。尾道商は春と夏の甲子園大会に出場している。選手に北海道から歩いていると言うと驚き、別れ際にカメラを向けるとVサインをした。今年は出場できなかったが、今度出場したらテレビを見ながら応援しようと思った。

3月25日（月）三原市城町―三原市本郷町　毎朝、歩き始めの時は少し足が重い感じがする。夜眠って体は休まっているが、足の筋肉も緩んでいるのかもしれない。しかし時間が過ぎていくにしたがって、足どりも軽くなる。

三原駅前を出発してから、沼田川《ぬたがわ》に沿った国道を歩く。昨年7月17日の豪雨で沼田川支流が氾濫し、堤防が決壊。本郷町の船木地区では3人の犠牲者があったとのこと。

河川の樹木は新しい芽を吹き始め、あちこちで見られる野バラが青々とした枝を伸ばしていた。昨年の夏から秋、冬と歩いてきたが、春の訪れを感じさせた。

本郷の町並みが見えてきた。本郷駅への道の角で矢崎孝明さん（72）という人が待っていた。広島市に住んでいるが、中国新聞の記事を見てとのこと。事前に電話があったので、歩くコースとおおよその時間を知らせてあった。矢崎さんは小さなリュックを背負い、ウォーキングシューズを履いていた。以前岩波新書から出した『日本縦断徒歩の旅』と『四国八十八ヵ所　わたしの遍路旅』を持っていたので、サインをして、駅まで一緒に歩いた。前回の徒歩の旅の時に本を買って、自分も歩いてみようと定年になってから8回に分けて四国遍路をしたという。日本縦断は無理なので、計画はしていないとのこと。

3月26日（火）三原市─竹原市　本郷駅前の広場で、中学生と思われる兄、小学校高学年の妹、低学年の弟がキャッチボールをしていた。兄の投げるボールを妹と弟が懸命に受け、投げ返す。ボールが外れると、兄は走って拾いにいく。兄弟愛が伝わってくる、とてもよい光景だった。

本郷駅から近い沼田川で大工事が行われていた。昨年6月28日から7月8日の西日本集中豪雨では、広島、岡山、愛媛などで死者224人、行方不明者8人の被害を出した。本郷町も沼田川の支流が氾濫、8人が死亡している。ブルドーザー、クレーン車が大量の土で堤防を補強していた。

お寺の横に広島県指定史跡の貞丸古墳があった。入口は開いていて、石棺《せっかん》が見えた。7世紀前半の古墳と推定されているとのこと。この一帯での古代人たちの生活を想像した。周囲の山で獣、沼田川で魚や貝をとっていたのかもしれない。

坂を下りきった交差点で手を振っている人がいた。やはり中国新聞を見たという児玉武男さん（85）だった。近くのコンビニにテーブルと椅子があったので、しばらく話をした。郵政省に勤め、通信技師として各地を転勤したが、私が昨年、宗谷岬をスタートした時は稚内市に住んでいた。その後、故郷の広島に戻ってきたが、旅の経過を新聞で注目していたとのこと。こうした人がいることは嬉しい。車で来ていたので「ゴールの成功を願っている」という声を背にして歩き始めた。振り返ると、まだ手を振ってくれていた。

カープ初優勝の時の思い出

3月27日（水）竹原市―東広島市　春の気配が広がり、タンポポ、菜の花など黄色い花が目を楽しませてくれる。桜のつぼみも膨らんでいるが、まだ咲いていない。桜は関東より早いと思っていたので意外だった。

小さなてんとう虫が道路上を行ったり来たりしていた。草花、昆虫を見ていると飽きることがない。てんとう虫は何を考えて動き回っているのだろうと思う。彼等の喜びや悲しみはどこにあるのだろうとしばらく眺めていると、草の陰に入って見えなくなった。名もわからない空色の小さな花が風に揺れていた。秋には枯れてしまうだろう。短い命だが、今を十分に楽しんでいるようだった。

西側に山がある風景はのんびりとしているが、コンビニや食堂が1軒もなかった。でも昼食には困らない。いつもカロリーメイトを欠かさずに持っているので、いい場所を見つけると昼食にする。周囲の風景を眺めながらの食事も、徒歩の旅ならではである。

赤い屋根の家が多い。東広島市に入って、西条でも赤い屋根が見られた。道路横で農作業をしていた人に赤い屋根が多い理由を聞くと、ここは寒く雪も多い、赤い瓦は寒さに強いと昔から使われてきた。ここの赤土も瓦に向いていると聞いている。屋根瓦店も多いとのことだった。

下関まで245キロの標識を初めて見た。本州の最終目的地である。1日15キロ歩くと16日、4日の休日を加えると約3週間の旅になると考えた。これまでも北海道では札幌まで、東北では仙台までなど、ずいぶんと遠い距離の数字を見ていたが、一日一日、亀のようにゆっくりと移動しているといつの間にか到着していた。

西条駅前に泊まった。新聞社にいた頃、初代広島カープ監督だった石本秀一さんの西条市にあるお宅に撮影に行ったことが印象に残っている。石本さんは市民が支える球団として誕生した広島カープの創設にも貢献した。50年前から時々寄っている京都・先斗町《ぽんとちょう》の小さな酒場「ますだ」も、日本酒は西条の「賀茂鶴」だけである。


3月28日（木）東広島市―広島市瀬野　国道の横に自動車会社の販売店が並んでいる。日本は車社会だと思った。廃線となった鉄道・バスも多く、車を使わないと仕事にも行けず、買い物もできないという場所が多い。私は自動車の運転は全くできないが、私が住む地域でも車がないと不便なので、高齢になっても運転をしなくてはならないという人がいる。

歩いていると暑くなってきた。雪がチラチラとしていた2月の東海道を考えると、季節の移り変わりを感じた。電車を見ると胸がわくわくして、ついシャッターを切りたくなるが、駅に寄るのも好きだ。どのような人たちが乗り降りしているのだろうと想像する。八本松《はちほんまつ》駅に寄ったが、かなり多くの人が利用している。

峠へ向かう長い坂を上った。農作業をしている人に何という名の峠か聞くと、「名はない」と一言で断言したのが面白かった。地元の人にはただの坂なのだろう。


3月29日（金）瀬野―広島駅前　広島まで流れる瀬野川で、西日本集中豪雨（2018年）で流れてきた土を除去する工事が行われていた。膨大な量なので、まだ手つかずの状態で多くの土が残っているところもあった。堤防上にある公園で花見をしている人たちがいたが、昨日の暖かさでも桜はまだ一分咲きくらいだった。この辺りは寒いが、平和公園では大分咲いているようだ、とのことだった。

広島駅に近づくと、アルファベットで「HIROSHIMA」と書かれたユニフォームを着た大勢の人が球場に向かっているのが目に入った。今日はプロ野球の開幕で、広島カープはマツダスタジアムで巨人との対戦だったことを思い出した。

カープには特別な思いがある。1975年に初優勝した時、私は取材のために広島にいた。10月15日、東京の対巨人戦で優勝を決め、広島駅に凱旋《がいせん》してきた古葉竹識監督を撮影。翌日、広島市民球場で試合前の古葉監督を、個人的に頼んでローライフレックスで撮影し、アサヒグラフの表紙にした。優勝が決まった夜、流川の繁華街では酒場の前に酒樽があり、ファンに振る舞っていた。あちこちのグループが通る人を誰彼となしに胴上げしていた。その様子を撮影していると、「カメラマンも胴上げしろ」と叫び私も胴上げされたが、カメラが壊れないよう守るのに苦労した覚えがある。

ホテルに、昨年の3月に取材した「平和宝石」の大知輝夫《おおちてるお》さん、奥さんの純子さん、長女の武藤真奈美さんと8ヶ月の娘の久茉莉《ひまり》ちゃん、次女の恭子《きようこ》さんが迎えにきた。平和堂は平和公園近くに事務所を構え、小中高校や、企業や役所の売店などに出張して、教員、職員に宝石を販売している。真奈美さんの夫、信介さんも加わって全家族で仕事をしていた。

今回、宗谷岬スタートの前から、広島に来たら知らせるようにと言われていた。大知さん一家と食事をしながら、当時真奈美さんのお腹にいた久茉莉ちゃんを私も抱っこして、8ヶ月に育っていることを祝った。

3月30日（土）広島駅前—西区観音新町　駅前から原爆平和資料館まで歩いた。原爆ドームの前にも大勢の人がいた。日本人よりもアジア、欧米などからの人々が多いように見えた。世界の人々が広島を訪れて、原爆の悲

巨人との開幕戦の日、広島駅から球場に向かう人々。途中の屋台で生ビールを買い飲みながら歩いている人も多かった。試合は5対0でカープが勝った

惨な状況を知り、核兵器廃絶の気持ちを強く持つことは、世界の平和に結びつく。原爆の被爆国となった日本は、アメリカの核の傘に頼らず率先して核兵器廃絶を世界に訴えるべきである。

広島平和記念資料館や平和記念公園で、原爆について日本人、外国人に説明する20代の女性、松本愛美さんに会った。松本さんは大学卒業後、日本赤十字病院に勤務しながら、週に1回ボランティアとして平和記念資料館に通っている。

平和記念資料館は4月25日にリニューアルオープンをするが、東館、記念公園内を案内してもらった。東館では広島の被爆前、被爆時、その後の発展の様子の写真、原子爆弾の仕組み、原爆が投下されるまでの経緯など、写真や文字パネルで展示されているが、松本さんの説明はわかり易かった。

中学生、高校生、外国人にわかるように説明することを心がけているとのこと。犠牲になった人の遺骨を集めて埋葬してある場所、全国の

学徒動員で戦死した学生や、勤労奉仕中に犠牲となった人を祀《まつ》った祈念塔など、私には初めての場所に案内された。約3時間くらい説明を受けたが、大変勉強になった。

平和宝石のみなさん。左から石川、大空輝夫さん、武藤真奈美さんと久茉莉ちゃん、大空純子さん、恭子さん。

原爆を見学者に説明する松本愛美さん。被爆者は平均年齢83歳をこえ若い人が説明を引き継いでいる

右からミッチー、そのお母さん、お父さん。予定を変更して歩いた道で偶然の再会

再会を願っていた人に偶然会う

4月1日（月） 広島市―廿日市市宮島　大きな橋を渡っていると向こうから来た車が止まり、開けられた窓から女性が「ミッチー、ミッチー」と声を出していた。後部座席を見ると、ミッチーと呼ばれていたミッチェル・ローズと父親が座っていた。ミッチーは車を回してくると言った。

ミッチーはハワイ生まれ。父親はアメリカ人、母親は広島出身の日本人。ハワイで育ったが、私の住む諏訪市の上諏訪駅から一番近い場所でスパゲッティー、ピザと洋酒の店を営業していた。私は時々寄って、生ビールを飲んだ。ミッチーは日本語が上手だった。私たちは、ハワイの沖縄人、ハワイに本拠地がありベトナム戦争に参加していた第25歩兵師団の沖縄出身兵などについて話し合ったりした。お父さんとは店で一度会ったことがある。ミッチーは昨年店を閉め、北海道へ行き、ニセコスキー場のホテルに勤めていると聞いていた。徒歩の旅で北海道へ来た時は寄るように言われていたが、今回はその時間的余裕がなかった。どうしているか気になっていた。

ミッチーは兄がハワイから広島に住む両親に会いにきたので、自分も休暇をとって広島に来ていた。両親と買い物に行こうとしていたところとのことだった。橋で出会ったことがとても嬉しかった。再会を願っていた人だった。今日はいい日になったと思った。徒歩の旅をしていてこその偶然だった。

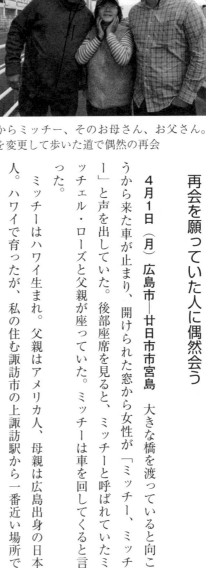

元号が令和に決まったことを知った。私は昭和に生まれ、平成でフリーカメラマン時代を過ごし、令和で一生を終えることになるだろう。1964年から約5年間、香港、ベトナムに住むうちに西暦に頭脳が切り替わっているので、元号にはあまり関心はない。でも日本の戦争、敗戦直後の昭和の食料不足の生活体験を忘れることはできない。令和時代に戦争のない世界、核兵器廃絶、基地のない沖縄の実現を願っている。

4月2日（火）宮島―廿日市市宮浜温泉　宮島へはJRと宮島松大汽船を合わせると1時間に8隻のフェリーが往復し、どれもが満員のようだった。日本人よりアジアや欧米の人の方が目立った。厳島《いつくしま》神社で着物姿の日本式結婚式が行われ、欧米人観光客がシャッターを切っていた。ちょうど桜が満開で、観光に花を添えていた。

宮浜から廿日市《はつかいち》市のコンビナートの夕景が見えた。煙突から煙がモクモクと出ていた。

4月3日（水）廿日市市―山口県岩国市　廿日市市コンビナートを、朝の光の中で再び同じ位置から眺め、工場群を時々、撮影しながら先へ進んだ。

旧宿場町だった玖波《くば》を通った。国道と平行した宿場のあった旧街道は東海道でよく歩いたが、山陽道では珍しかった。落ち着いた家並みが続いている。西国から参勤交代で江戸へ向かった道なので、本陣もあったそうだが今は残っていない。

年輩の女性にどこから来たのかと聞かれた。生まれは沖縄と言うと、隣の家に住む婦人から沖縄ツアーに誘われたが、釣り具店を5日間も閉めることはできないので、まだ沖縄へは行ったことがないという。地元の人との簡単な立ち話でも心が和む。気をつけてという言葉で見送ってくれた。

遠くから眺めてきたコンビナートが目前に現れ始めた。前に山口県の看板が見え、広島県の看板が背中になった県境だ。コンビナートは広島県大竹市と山口県岩国市和木町にまたがる。今度は和木町から見える煙突を撮影しながら歩いた。本州の北の玄関青森をスタートして、本州の西端山口に入った。各所で桜が見られた。東京より遅く、今満開を迎えようとしている。

4月4日（木）岩国駅近く―錦帯橋近く　岩国民主商工会の中野郁雄さんに米海兵隊岩国航空基地がよく見える場所へ連れて行ってもらった。2015年、普天間飛行場の空中給油機KC－130が岩国基地へ移駐した。普天間でKC－130が民家すれすれに着陸する状況を撮影に行ったことがある。昨年、一昨年に厚木に駐留していた空母、戦闘攻撃隊も移駐している。全国知事会では沖縄の基地軽減を口にしながら、沖縄の基地を他の県で分かち合うことを避けている。KC－130移駐を認めた山口県には感謝するが、私は沖縄で起こっている墜落事故、騒音、米兵の犯罪を他県に押し付けるのではなく、日本から米軍基地がなくなることを願っている。

岩国基地ではF35戦闘機、KC－130、電子装置を装備している偵察機が飛び立って、訓練をしていた。米海軍と自衛隊の軍用機が中心のようだった。オスプレイも飛んでくるとのことだった。

岩国基地からアーチ型で有名な錦帯橋《きんたいきょう》へ向かった。途中の長山公園の桜が満開だった。子どもを遊ばせている母親、老夫婦、花見をしているお年寄りのグループなどの姿が見えた。

錦帯橋は、最初の橋は1673年にできた。200メートルの川に架かる橋を強化するために4つの橋脚をつくり、5つの橋を繋げた。1951年に台風で流されたので、1953年に復元したとのこと。今日は岩国基地と錦帯橋、2つの異なった状況から、市の歴史を考えた。

4月5日（金）錦帯橋―岩国市玖珂町　午前の早くから、錦帯橋では観光客が橋を渡っていた。川西トンネルの入口が見えた。２７３メートルとある。高くなった歩道があったが、壁が工事中でやっと歩ける程度の歩幅しかない。転んで落ちると確実に自動車にひかれる。慎重に歩いた。トラックの音が壁に跳ね返って大きく響き、風圧で体が揺れた。

１１３６メートルある欽明路トンネルを避けて旧道を上った。昔、欽明天皇が九州からの帰りにひと休みしたという。欽明路峠を越えると、玖珂《くが》町の入口に「歴史の町玖珂」の看板があった。空き家になっている古い文房具店に、トンボ鉛筆、ぺんてるなどの昔の看板が残っていた。

岩国基地で飛び立つ準備をするF35Bステルス。ホバリングで空母に着陸できる最新鋭機である

４月６日（土）　玖珂町―周南市　玖珂町で２人の若い女性、１人の男性に会った。私はベトナム語は下手だが、３人が交わしている言葉でベトナム人とすぐにわかった。ベトナム語で今は桜の花が綺麗と言うと、親しみを感じたようだった。１人が少し日本語を理解できたので、ベトナム語と日本語を混ぜて話した。ホーチミン市の戦争証跡博物館に私の写真が展示されていると話すと、ベトナムに帰った時に見にいくと言うので、名刺を渡した。

国道の歩道は人家のあるところだけで、歩道のない長い距離を歩くことがわかったので、県道にした。空き家となっている大きな農家がたくさんあり、田畑も耕作されていないようだった。人は都市に集中し、農村は寂れている。人のいない家で桜だけが咲き誇っているようだった。

新聞で私が歩いていることを知ったとのことで、徳山の宿に老夫婦がみえた。1990年のピースボート第1回地球一周の旅の時に、船でアルバイトをしながら乗船していた重永明生さん、文恵さん兄弟の御両親だった。

「明生は、石川さんに刺激されてカメラマンになった」と、母親の孝子さんが『ナショナルジオグラフィック』と講談社発行の地理や自然に関する雑誌に掲載された鶴の写真を見せてくれた。文恵さんは船中でブンブンと呼ばれていたが、私の名と同じ1字からそう呼ばれた。今はインドネシアの衣類や人形を仕入れて販売しているという。私は船中での2人のことをよく覚えている。旅先で両親に会い、約30年前の2人の近況を聞いて楽しい時間を過ごした。


4月7日（日）周南市　本州ももうすぐ終わりと思いながら原稿を書いた。

カンボジアのマフラーに話が弾む

4月8日（月）周南市勝間—周南市徳山　今、山口県は春爛漫である。桜はもちろん、タンポポ、オオイヌノフグリのほか、見慣れているが名はわからない草花がたくさん咲いている。春は庭に咲く花より、こうした路傍の草花に力を感じる。旅の中で各所を走る電車や新幹線を見てきたが、桜の横を走る新幹線も今の時だけだと思い、立ち止まって眺めた。アパートの窓の前に咲く桜。山の緑の樹木の間に白い桜がポツン、ポツンと見える。ここに住む人々はこの時を1年待ち続けていたのだろうと思った。そのうちに新緑が茂り、秋には紅葉していく。その変化はここに住む人々の人生の一部でもある。

いつものように橋の下を眺めると、たくさんの鯉が泳いでいた。白、赤、錦鯉もいる。学校帰りの高校生が、近所の人が鯉にパンなどをあげていると言った。だから橋の下や岸に集まってくるのだろう。70、80センチもあるかと思われるほど育った鯉もいて、いつまで見ていても飽きることがなかった。

4月9日（火）徳山—防府市防府駅近く　ホテルから続く県道の右側歩道をのんびり歩いていると、2号国道に突き当たって三叉路《さんさろ》となり、私は国道を西へ向かう。周りを見渡しても信号や横断歩道がない。国道の向かい側に金井産業という小さな工場があるが、人影が見えない。他に人家はない。仕方がないので車の通行が途絶えた瞬間に道を渡った。

しばらく右側の歩道を歩いていると、パトカーから2人の警官が降りてきた。なんだろうと思っていると、私のところで止まって、「おじいちゃんが道路を横切っていた」と通報があったとのこと。

35歳前後と25歳前後と思われる警官だった。若い人の方が、免許証があるかと聞いた。私は運転ができないので免許証はない。自分を証明できるのは健康保険証と写真のついている身体障害者証しかない。その両方とも持っていなかった。徒歩の旅をしていることを話した。確かに横断歩道でないところを渡ったが、近くに信号がない。「どうしたらいいと思います?」と2人に聞いた。年上の方の人が「山口県はこのようなところが多いのです。できるだけ横断歩道を渡って下さい」と優しい口調で言った。

山口県に限らず、これまで突然歩道がなくなったり、右から左へ歩道が変わったりして、信号のない道路を横断したことは数限りなくある。日本の道路は長距離歩行者のことは考えてつくられていないと断言できる。日本縦断の旅は少なくても、部分的に歩いている人は増えていると思う。山口県は安倍晋三首相（当時）の地元である。F35戦闘機やイージス艦を購入するお金を減らして、全国の歩道を整備してもらいたいと実感した。

4月10日（水）防府市―山口市　朝から雨が降っていた。ホテルで山口市へ向かう道を聞いた。三叉路に山口市、萩市方面と書かれている。しばらく歩いてスマホを見たが、目的地の距離が遠のいている。三叉路に戻り角の事務所で新山口駅の方面を聞くと、逆方向だった。ホテルでもそう聞けばよかった。スマホを覚えたてで、地図の見方に慣れていない。

事務所の人が、私が身につけていたマフラーを見てどこのマフラーかと聞いたので、カンボジアと答えると、そう思ったとのことで、話が弾んだ。自動車部品と機械工具販売会社代表の村田聡さんは、プノンペンにも事務所があるとのことだった。カンボジア独得の縦縞のクロマーは、暑い時は汗を拭き、寒い日には首に巻くなど、私は日常的に使っている。

村田さんの事務所では、30歳くらいのカンボジア人が働いていた。カンボジアで使われている自動車の約80パーセントは日本製。しかし整備工場や部品販売はあまり備わっていないとのこと。

彼にカンボジアで役に立ってもらいたいと、村田さんは言った。私は１９７０年、カンボジアのクーデターを取材し、１９７９年、ポル・ポト政権崩壊後の、無人の荒廃した首都プノンペンを撮影した。久し振りに昨年カンボジアへ行き、大勢の観光客が訪れ賑わっているアンコールワットやプノンペンを見て嬉しくなった。村田さんの会社にカンボジア発展の一役を担ってもらうのは頼もしく感じる。

4月11日（木）山口市―宇部市　老婦人が畑作業をし、他の場所では山で木を切って薪《まき》をつくっている光景があった。時々、こうした光景を目にする。体にも精神的にもいいだろうと思う。田舎では、都会にはないこうした仕事場がある。同時にご主人や子どもたちはどうしているのだろうと思う。夫が亡くなり、子どもは都会に行き、1人で生活している老婦人もいるかもしれない。

黄色の帽子とランドセル、小学1、2年生の女の子3人、男の子1人が歩いてきて、女の子が「おじさん、山に登っているの?」と言った。北海道から歩いてきたと言うと、皆一様に驚いた顔をした。北海道は遠いところとわかっているようだ。男の子が素直に、すごいなと言った。東北の海の近くに建てられた大きな壁や、3日前に富田川《とんだがわ》で見た鯉のことなどを話した。そして写真を撮っていいかと聞くと、皆でVサインをした。

友人の鎌田慧から「今どの辺を歩いている?」と電話があった。私と同じ歳である。前回の徒歩の旅では、那覇にゴールした時に灰谷健次郎さんと来ていて、祝賀会にも参加した。今回も「沖縄へはワーと行くから」と言った。灰谷さんは亡くなった。ワーというのは仲間の本多勝一さん、石坂啓さんや前田哲男さんたちだろうか。こういう電話は励ましとなる。何気なく狭い川を見ると、動物が泳いでいた。今度はヌートリアとすぐわかった。二、三枚撮影しているうちにこちらに気が付いたのか、川の中央で水に潜ってしまった。やはり水を好む動物と思った。近くのコンビニの人、旅館の人もヌートリアについて初めて耳にしたと、全く知らなかった。

二俣瀬の厚東川《ことうがわ》沿いを歩いていると、日本酒「男山」の酒造場があった。大分県の居酒屋で、時々地酒として飲んだが、ここで造られていたのかと、また飲みたくなった。

川を渡って反対側の堤を回ると、桜並木があった。少し散り始めていたが、人影はなかった。ベンチに座って、食べ残してあったカリントウと水で花見をした。酒はなかったが、桜並木を独占しているような豊かな気持ちになった。もう1人桜を楽しんでいる人がいた。村の地蔵さんである。地蔵さんは桜の木より昔からここに立っていたかもしれない。桜の花びらが地蔵の周囲に散っていた。


4月12日（金）宇部市―下関市小月　国道から離れて小さな道を歩いていると、突然、和泉式部の歌碑があった。何故ここに平安時代の歌人といわれる和泉式部がと思った。今度、宇部市の教育委員会に聞いてみたい。碑には「あらざらむ此の世のほかの思ひ出に　今ひとたびの逢ふこともがな」と書かれている。

ベトナムへ行く前に百人一首を一生懸命覚えたことがある。当時勤めていた毎日映画社の隣が毎日新聞社の講堂で、毎年百人一首の日本一を争う競技が行われていて、時々見ていたからだった。全ての歌が記憶の底にあった。不思議なものに出会ったような気持ちで歌碑を撮影した。

下関に近づくにしたがって、国道2号線が広くなった。飛行機の音が繰り返し聞こえた。海上自衛隊小月《おづき》教育航空隊の基地で飛行訓練をしていた。まだ初期の訓練なのか、プロペラの練習機だった。滑走路は見えなかったが、タッチアンドゴーの訓練と思われ、下りてきてすぐに飛び立っていた。約1時間、夢中になって撮影した。山並みの上を飛ぶように焦点を合わせた。写真を見ると表情はわからなかったが、操縦している人の姿がわかった。

こうした撮影はスポーツを撮る時と似ている。神経を集中して、シャッターを押している時、カメラマンとしての喜びを感じる。

4月13日（土）小月―下関市壇ノ浦古戦場　長府藩（長州藩の支藩）毛利家の墓がある功山寺に寄った。国宝に指定された仏殿のある功山寺境内の桜は残り少なくなっていた。毛利家の墓の近くに、坂本龍馬と親友だったという三吉慎蔵や、長州藩士の墓があった。川沿いに長州藩侍屋敷長屋もあった。

壇具川《だんぐがわ》でアオサギがすぐ目の前にいた。近くでカメラを構えても逃げない。人に慣れているのかもしれない。

しばらく歩くと関門海峡が見えてきた。貨物船やコンテナ船がひっきりなしに往来していた。中国船、韓国船もあった。操縦室を望遠レンズで見ると、双眼鏡を胸にしている船員の姿もあった。漁船や釣り船も多かった。この時期関門海峡では、真鯛、アオリイカ、チヌなどが釣れているとのこと。

１１８５年、壇ノ浦の海戦で平家は源氏に敗北し、滅亡した。源義経と平知盛、源平両指揮官の像が立つ。１８６３～64年、長州藩とイギリス、フランス、オランダ、アメリカ連合軍との下関戦争で、長州藩は敗北した。その時長州藩が使った大砲の実物大のレプリカがあり、その横に関門橋があった。橋の向こうには門司が見えた。もうすぐ九州である。

山陽道を振り返る

京都・大阪から西の山陽道は、山陽新幹線以外あまり耳に慣れていなかった。山陽道を歩いて多くの風景や人々との出会いがあり、親しみを感じた。これも徒歩の旅なればこそと思う。

徳川幕府ができて江戸が中心になるずっと前。奈良の大和朝廷は大宰府を経由して文化を伝える中国、朝鮮からの使節団を迎え、西方の産物を運ぶために山陽道を整備、徳川幕府時代の参勤交代で充実したとのこと。名所旧跡に寄る時間的余裕がなかったが、それでも歩いている道から近い歴史的な場所を見た。

山陽道の旅の中で米海兵隊岩国航空基地にはぜひ寄ろうと決めていた。２００６年と２０１２年、日米政府間で普天間飛行場の県内移設、嘉手納《かでな》飛行場より南の米軍施設の返還、９０００人の海兵隊員とその家族のグァム、その他への移転などが決まったが、まだ実現していない。日本政府は普天間基地に代わる辺野古基地建設の遅れを理由に挙げているが、沖縄では辺野古新基地建設には反対の声が強かった。そういった中で普天間飛行場に駐在していたＫＣ－１３０空中給油輸送中隊が、２０１５年に岩国に移駐した。今、普天間飛行場にはＫＣ－１３０に代わってオスプレイが駐在し、他の軍用機が訓練を繰り返している。

岩国基地は騒音、墜落の危険性など地元の抗議などもあり、海を埋め立てて滑走路を沖に移設した。その後、最新型の戦闘機F35が配備され、厚木から空母航空団も移転し、基地が強化されている。私が見ている間も、F35、KC－130が飛行訓練を繰り返し、円盤型レーダーをつけた空中警戒管制機が飛び立っていった。

岩国基地は日本の他の基地同様に、朝鮮戦争、ベトナム戦争で利用され、湾岸、アフガニスタン、イラクなどの戦争にも関係している。ベトナム戦争では沖縄から発進したB52爆撃機がベトナムの国土を破壊し、民間人を死傷させている状況を見た。私たちは日本の基地が使われることによって被害を受ける人々のことを考えないといけない。岩国基地から聞こえるF35の轟音《ごうおん》は普天間基地、嘉手納基地の軍用機の音と重なって聞こえた。

山陽道の終着地となる下関。関門海峡が見えた。旅客船は一隻も通らなかったが、往来しているたくさんの貨物船を見ているだけで飽きなかった。外国船はここまでどんな船旅をしてきたのだろう。どんな人たちが乗っているのかと想像した。中国、韓国、ベトナムの国名が書かれた船があった。日本船も多い。

漁師や一般の人の釣り船がずいぶん出ていたが、その横を大きな貨物船が通り抜けていった。そんな様子を撮影していると、ウォーキング中と思われる中年の男性から声をかけられた。開高健の本が好きで、『私の釣魚大全』という本で石川さんとメコン川へ釣りに行った話が書かれていた。石川さんのベトナム写真集も持っていることだった。昨年訪れたカンボジア、ベトナムの現状などを話すと、「今日はいい日だった」と喜んでくれた。

4月22日（月）諏訪市—下関市　中国地方の旅を終えたところでいったん諏訪の自宅に戻った。

朝、沖縄の屋良朝博さんから当選報告の電話があった。沖縄3区では衆院議員だった玉城デニーさんが知事になったので、その補欠選挙が昨日行われた。すでにニュースで当選を知っていたので、また辺野古反対の民意が示されてよかったですねと祝辞を伝えた。屋良さんの沖縄タイムス記者時代に時々基地について教わり、退社後も交流があった。

桜を満喫した山陽道の旅だった。長野県の開花は遅いが、昨日、市議会議員選挙の投票後、諏訪湖近くの高島公園へ行くと桜が満開になっており、いくつかのグループがあちこちに固まって花見をしていた。バーベキューセットや生ビールの樽を持ち込んで焼肉パーティーをしている人たちもいた。

私にとっての花見は、酒を飲みながら桜と公園に来た人を眺めることである。毎年座っているベンチが空いていたので、はやる気持ちを抑えながら、缶ビール、ワンカップ酒とピーナッツをリュックから出した。

最初の一口を飲むと、今年も花見を迎えることができたと感無量になる。私たちの年齢では、1年を無事に乗り切った安堵感が正月元旦や桜の時期を迎えた時に湧くのだ。

病院の診察を終え、心臓病の薬ももらった。徒歩の旅を再開するため、諏訪から下関に向かう。中央線「しなの」の沿線では桜があちこちに見られたが、名古屋に近付くにつれて葉桜になっていった。名古屋、京都、大阪、神戸、岡山、広島、東海道、山陽道と歩いた道を辿って新幹線は走った。明日からは九州路となる。

第5章　九州、「命《ぬち》どぅ宝」の思い

世界文化遺産に指定された三池炭鉱万田坑（熊本県荒尾市）の炭鉱風呂から、仕事後の炭鉱労働者の様子を想像した。万田坑には坑道に降りるエレベーターの巻揚機もそのままの形で残っている

4月23日（火）下関市―北九州市門司―小倉　関門トンネル人道入口の下関側から、これから向かう門司側を見た。多くの貨物船が海峡を通過している。門司の建物が「待っているよ」と言っているようだった。

１９４４年８月、沖縄から疎開児童として鹿児島に来た兄を、母と共に迎えにいった。その時、列車で関門トンネルを通ったが、当時は歩道もなく関門大橋もなかった。今では徒歩、自動車で往復できる。

エレベーターで地下55メートルまで降りて歩道になる。朝が早かったからか、私１人だった。地下に着いているのにドアが開かない。少し不安になった。地下では反対側のドアが開くことになっていたが、私は前を向いたままだったので、開いたドアがまた閉まったようだった。もし上で待っている人がいたら、また上がっただろう。「開く」のボタンを押してエレベーターの外に出た。

トンネルの長さは７８０メートル。トンネル内をウォーキングしている人が３人いた。トンネル内は湿度が安定していて風もないので、四季を通してウォーキングの人が多いとのこと。16年前も歩いている人たちを見た。午後になると人も増えるだろう。壁には魚や海底の岩、昆布などの絵が描かれている。８時10分に下関側をスタート、途中撮影をしたので８時40分、門司に着いた。地上へ出ると今まで歩いてきた本州の風景が見えた。

昨年、７月９日に北海道・宗谷岬をスタートしてから９ヶ月余りが過ぎていた。これからはゴールの沖縄に一歩一歩近づいていくという喜びがあった。

海峡に沿った広場の歩道をゆっくりと歩いた。釣りをする人、ウォーキングをする人が、海峡の風景を楽しんでいるようだった。桜並木も葉桜になっている。門司港駅周辺は、観光スポットとして中国、韓国などアジアからの観光客が大勢いた。特に１９１４年に建築され、国の重要文化財に指定されている門司港駅に人気が集まっていた。皆さんスマホで撮影している。駅員も昔懐かしい制服を着て、帽子をかぶっていた。

「旧大連航路上屋」が興味深かった。日本は１９３２年、中国東北部に傀儡《かいらい》国家「満州国」を樹立させ、大勢の農業移民を送った。今、私の住む長野県はいちばん多く満蒙開拓団《まんもうかいたくだん》を送っている。

１９４５年、ソ連軍は満州国を攻撃、多くの日本人が犠牲になった。私と同じ年齢で、満州国から帰った人が近所に住んでいる。寒さと飢えでとても酷い状況だったという。

一昨年、長野県にある満蒙開拓平和記念館で満州国壊滅時の展示を見た。「満州国」へ夢と希望を持って渡った人々もいた。門司に残っている旧大連航路上屋には、当時の様子の写真などが展示されていた。私も「旧満州」大連の大和ホテルや露天炭鉱跡、中国人虐殺のあった平頂山《へいちょうざん》などへ行ったことがある。

宮本武蔵と佐々木小次郎が決闘をした巌流島など、ゆっくり門司を見ていたかったが、先を急いだ。

下関と門司を結ぶトンネルの歩道。780メートル。冬は暖かく夏は涼しいのでウォーキングをしている人が多い。４月23日

松本清張さんの思い出

４月24日（水）小倉―水巻　新聞に23日、千葉県木更津で登校中の小学校3年生の女子児童２人が乗用車にはねられ、１人は死亡、１人は重傷という記事があった。２人は青信号中の横断歩道を歩いていたが、運転手（49）は「ボーッとしていて信号を見ていなかった」とのこと。死傷した子と親のことを思うと胸が痛い。19日には東京・池

松本清張記念館。清張さんはベトナム戦争中の北ベトナムに私より早くに行っている。当時使ったニコンカメラも展示されていた。私がベトナムで撮影した写真に興味を示されたので、プリントを差し上げげたことがあった

袋で87歳の男性が運転する自動車が暴走し、母親（31）と長女（3）が死亡している。母親は沖縄出身だった。21日には神戸でバスにはねられて2人が死亡、6人が重軽傷を負っている。

4月に次々と起こった事故報道を見て、毎日徒歩の旅を続けている私も緊張する。歩行者が気をつけても、運転する人の不注意は防ぎきれない。運転する人は車が凶器となることを肝に銘じてもらいたい。

小倉城が見えてきた。寄ってみたかったが、あまり時間がなかった。大通りに面した松本清張記念館はぜひ寄りたいと思っていた。清張さんを自宅で撮影して、私の『報道カメラマン』という本に掲載している。

清張さんは1968年、ベトナム戦争の激しい時に北ベトナムへ行き、ファン・ヴァン・ドン首相にも会っている。その時に

通訳をした人がグエン・クイ・クイさん。1972年、本多勝一さんと北ベトナムへ行った時、取材の手配、通訳、案内をしてもらって以来、長い付き合いを続けた。クイさんを日本に招待する時、清張さんのお宅を訪ね、航空費、滞在費などの一部を寄付していただいたこともあった。

清張さんの『砂の器』は愛読書で、何度も読み返している。加藤剛が主役を演じた映画も大変よかった。

大きな記念館には、出版されたたくさんの本の表紙が壁一面に並べられ、直筆の原稿、愛用したカメラなどが展示されていた。清張さんの行動も写真と共に大きく壁に表示されていてわかり易い。一日中でも見ていたかったが、残念ながら先を急いだ。

歩いていてもあまり外で遊ぶ子どもたちの姿を見かけないが、児童公園に小学生たちがいた。リュックを背負って歩いている姿が珍しいのか「どこまで行くの?」と男の子に声をかけられた。北海道から歩いてきたと言うと、皆が集まってきた。最近の子は好奇心が薄くなったのではないかと思っていたが、自分たちの生活とかけ離れた行動には強い関心を示すことがわかった。季節の移り変わりに見たヘビや昆虫、草木の変化、川で見たヌートリアという動物のことなどを話した。おじさん気をつけて、と皆で手を振って見送ってくれた。

私は子どもの頃、アムンセンやスコットの南極探検、シュバイツァー博士のアフリカ医療などの本に夢中になった。小説『ロビンソン・クルーソー』『十五少年漂流記』など、昔の人たちの冒険の話を学校でも取り上げて、広い世界に目を向けるような教育を取り入れたらよいのではないかと思った。

4月25日（木）北九州市黒崎—宗像市赤間　歩いていて、どこまで行くのかと聞かれた。バス停のベンチに座っていた80歳前後の2人連れの婦人。「山へ行くの?」「北海道から歩いています」「えーっ!」「沖縄まで行く予定です」「えーっ!」

買い物車を押して私を追い越した70歳前後の婦人。「どちらからですか?」「北海道から歩いています」「途中、テントで寝るの?」「もう歳なので宿に泊まっています」「パワーをもらいました」。

信号待ちの車の窓から、「どのくらい歩きよるですか?」「北海道から沖縄まで」「うぉーっ!」皆さんが頑張ってと励ましてくれる。

旧国道は鹿児島本線と平行しているところが多い。博多で新幹線「さくら」に乗りかえれば鹿児島まで行くのだな、沖縄が近づいてきたなと感じる。古いトンネルがあり、鹿児島本線の電車が吸い込まれたり、飛び出してきたりした。1944年、鹿児島に兄を迎えに行ったとき、このトンネルを通ったのだという思いに耽《ふけ》った。

4月26日(金)宗像市―古賀市 小さな川に大きな鯉が集まっていた。各地の川で鯉を見かける。終戦直後であれば貴重な食料としてすぐに捕獲されていただろう。時代は変わった。鯉が悠々と泳いでいるのは見ていて楽しい。本物の鯉を見て少し歩くと、鹿児島本線の近くで大きな鯉のぼりが8匹、空中を泳いでいた。これも楽しい光景だった。風の強弱で鯉のぼりの泳ぎ方が変わる。電車と鯉のぼりが型良く収まるよう、一日中でも撮影を続けていたかった。

4月27日(土)古賀市―福岡市 福岡工業大学前、九州産業大学前と、16年前と同じコースを歩いたが、以前の光景は全く忘れているので楽しかった。

西日本新聞に連載されている「列島縦断あるき旅」を読んでいるという、前太宰府市長の芦刈茂《あしかりしげる》さん(70)と名島橋のところで合流した。芦刈さんは九州大学農学部卒業で、1968年、米軍のファントム偵察機が墜落し、また1945年、米軍捕虜を生体実験した九大跡を案内してくれるとのことだった。芦刈さんと九大のあった箱崎まで一緒に歩いた。今、キャンパスの多くは糸島市に移転し、農学部は解体され、本部、医学部の建物は残っていたが無人だった。

1968年6月2日、夜間飛行をしていたファントムが、建設中の九大計算機センターに墜落した。幸い日曜日の夜間で犠牲者はなく、2名のパイロットもパラシュートで脱出した。当時、水野高明総長を含む教員、学生6000人が日本政府と米軍に対し、抗議デモを行っている。墜落したファントムは沖縄の嘉手納飛行場所属だったが、同年1月、北朝鮮に拿捕《だほ》された米海軍プエブロ号の事件に対応するために、板付飛行場（現福岡空港）に駐留していたとのこと。

第二次世界大戦中の1945年5月、米軍のB29爆撃機が撃墜され、捕虜8人を九大医学部と軍部が生体解剖した。この事件をモデルにして、遠藤周作は『海と毒薬』という小説を書き、熊井啓監督によって映画化もされている。私も小説は以前に読んでいたので、生体解剖事件については知っていた。芦刈さんの案内で、日本の戦争の断面と米軍機墜落の被害をあらためて知ることになったが、米軍機墜落の危険は現在でも沖縄、本土の基地に存在している。

4月28日（日）福岡市　福岡市周辺に友人たちがいる。一緒に飲みたかったが原稿を書いた。夜遅く、近くの居酒屋へ行き、九州入りを祝った。

4月29日（月）福岡市―筑紫野市　早朝から雨が降っていた。芦刈さんの案内で、福岡市天神から、1242年に中国人貿易商の支援で建てられ、そば、うどんの発祥地として碑のある承天寺などを回り、博多駅前バスセンターまで雨の中を歩いた。

芦刈茂さん。予想もしていなかった出会いだったが勉強させていただいた。これも歩き旅ならでは

そこから太宰府に向かった。天満宮までの参道にはたくさんの店が並んでいる。「太宰府写真」も参道にあった。２代目という上田宰さんのスタジオには以前の大型カメラ、戦争中に航空写真を撮影したという見たことのない大きなカメラや古いライカがあり、興味深かった。子どものお祝いやお参りに来た人の撮影、学校にも出張するとのこと。以前、参道には旅館が多かったという。今は土産店になっているが、「松屋」は薩摩藩、「大野屋」は長州藩の常宿になっていたとのこと。薩長連合、討幕の議論なども交わされただろうと想像した。

天満宮を参拝する人々が雨の中列をつくっていたのは、新元号「令和」ゆかりの地であり、大型連休と重なったということもあったろう。リュックを背負って、古代西国の大寺といわれる観音寺、戒壇院など、歴史の散歩道を辿《たど》った。７３０年正月13日、大宰府政庁跡近くにあった邸宅で、大宰府長官で歌人でもあった大伴旅人が、山上憶良など32人の役所要人を招待して、梅の花をテーマに歌を詠む「梅花の宴」を催した。そのときの梅花の歌32首が万葉集に収められ、大伴旅人の序文に「令」と「和」の字が含まれているとのこと。

そのときの梅花の宴のジオラマが太宰府展示館にあり、博多人形でつくられていて、中央に座った大伴旅人が大きな盃を持っている。大宰府史跡解説員でもある杢尾《もくお》幹雄さんによると、大伴旅人は酒好きで、酒を詠んだ歌もあるとのこと。新元号「令和」の語源をつくった人が酒好きと聞いて、急に旅人が身近に感じられるようになった。芦刈さんの案内でいろいろな場所を訪れ、多くの人と会い、勉強になった1日だった。

日本の戦争責任を思う

4月30日（火）筑紫野市―佐賀県鳥栖市　明仁天皇が今日退位されることで、どの新聞にもこれまでの功績に触れた記事が掲載されていた。85歳。御苦労様でしたという気持ちだった。国体、植樹祭などの行事、外国来賓との会見、展覧会などに出席し、阪神大震災、東日本大震災他の被災地も訪問した。私たちの知らない公務もたくさんあるだろう。

私の生まれた沖縄は、明治政府によって琉球王国から沖縄に併合されるまで天皇制には無縁だった。昭和天皇の時代に皇民化教育が行われた。その後、沖縄戦に巻き込まれ、多くの沖縄人が殺され、島が破壊された。私は小学2年生のときに、ラジオで敗戦を伝える天皇の放送を聞いた。そのときは戦争のことはわからなかったが、その後サイパン、テニアン、その他南洋群島と呼ばれた島々や、中国、韓国、北朝鮮、北方領土を取材して、敗戦時、日本軍の総司令官でもあった天皇は何らかの形で戦争責任を国民や外国に伝えるべきだったと思った。そのことも含め、日本政府は、現在に至ってもアジア・太平洋戦争の総括を行っていないと考えている。だから学校教育の中では日本の戦争責任と実相が欠けている。

昭和天皇が亡くなった１９８９年1月7日、昭和が終わった日を取材するために沖縄へ向かい、羽田空港で平成となったことを知った。明仁天皇が昭和の戦争責任をどう考えるか注目していたが、日本軍が侵略した中国を訪ね謝罪し、敵国として戦った米国他の国々を訪れた。多くの犠牲者があったフィリピン、インドネシア、ベトナムなども訪れている。各国から天皇の訪問は歓迎され、私もよかったと思った。

空は今日も雨模様だった。道路横を鹿児島本線の特急、普通電車が走っていた。路傍にアザミの花が咲いていた。昨年、宗谷岬をスタートした後、何度か見かけたが、今年は初めてだった。どこにも咲いている花だが、紫色の花びらや葉のトゲに強い個性を感じて好きな花のひとつだ。天ぷらや炒め物にして食べると苦みがありおいしいとのことだが食べたことはない。鑑賞を楽しんでいる。

長崎街道の原田宿跡があった。松下村塾の吉田松陰、日本地図をつくった伊能忠敬、オランダ陸軍の軍医シーボルトなどの人たちが泊まったという。

5月1日（水）鳥栖市—筑前市　熊本方面への道路が渋滞していた。連休を利用して家族でどこかへ行くのかもしれない。バスの前には国旗が2本飾られている。通路横に面白い建物があり、子どもたちが集まっていた。のぞいてみるとお菓子、ソフトクリームなどを売っていた。私の子どもの頃にあった駄菓子屋のようなもので、子どもが集まる場所になっているようだった。主人も子どもへの対応を心得ているのだろう。

一面の麦畑、川下り

5月2日（木）筑後市—柳川市　筑後市から柳川市へと麦畑が続く。今回歩いていて初めて見る光景である。あちこちで休田となった水田を見たが、ここの麦畑は休んでいる畑はなく、一面に麦が実っていた。まだ青い麦、もう収穫ができるのではないかと思われるほど黄色くなった穂もある。畑の中の道に筑後平野の農業改革に取り組んだ碑があった。稲作水田、い草、麦作の耕地があったが、無秩序に置かれていた農道、クリークを整備して集団化を図り、大型機械が使えるようにしたとのこと。よい光景だと思った。日本は小麦粉は輸入に頼っているが、国産小麦が価格と生産量で外国製品に対抗できれば農家の意欲にも結びつくのではないか。草の茂った休耕水田、若者のいない農村を見ると寂しく感じる。

柳川は川が多い。各所に亀がいた。日向《ひなた》で甲羅干しをしている。アオサギやシロサギにカメラを向ける。都会から離れた場所を歩いているときは、自然の姿に触れることができて面白い。

西日本新聞に、北九州市八幡東区で65年間続けられてきた映画館が幕を下ろすことになったという記事が掲載されていた。大変残念に思ったが、これも時代の流れなのだろう。1960年頃は八幡だけで約40軒の映画館があり、どこも満員で立ち見客もいたとのこと。

私が高校3年生だった1956年、千葉県船橋市だけで5軒の映画館があった。満員のときは映画を途中から立って見て、終わって客が去ると席に座って、次の回の初めから終わりまで見た。長距離歩いて映画を見にいくことは、当時の私にとって大事業で楽しかった。今、船橋市に映画館は1軒もない。

5月3日（金）柳川市―熊本県荒尾市　今は国道3号道路はトラックや乗用車の交通量は多いが、以前は国道だったという208号道路は連休でも比較的のんびりとしている。道路脇の野草にいるてんとう虫、みかんの花の蜜を吸っている蜂などを撮影した。麦畑の除草をしている人もいる。大型連休と関係なく、このような撮影をしているときが徒歩の旅の喜びである。1時間2キロと歩くのは遅いが、目的地に着くまで10時間くらい歩いているのは、長時間になればそれだけ撮影のチャンスも増えるからである。

小学校で子どもたちがサッカーの練習試合をしていた。金網越しに撮影した。連休もあと2日で終わり。子どもたちは親と旅行し、友人との小さな旅もあったろう。大型連休は子どもたちにとって有意義な日々だったと思う。

柳川市の黄金色に輝く麦畑。筑後平野は北海道に次ぐ小麦の収穫地だ。日本はパン、うどんなど小麦を630万トン消費しているが国産は70万トンだけ

5月4日（土）荒尾市—玉名市　柳川市の川下りの写真はこれまでに何度も見ている。昨日は歩く距離が長かったので、柳川撮影をしなかったが、今日は玉名市まで近い。早朝、柳川に電車で戻り、撮影後にまた荒尾へ戻って目的地へ向かおうと思った。柳川の地図を見ると、駅から近いところにも川下りの場所がある。

船を待っていると、ハッピを着た船頭が操る船に乗った人が、川の周囲を眺めたり、スマホで撮影したりしながら下ってきた。周囲にある樹木の新緑が川を覆うように茂り、川面《かわも》に映った新緑と合わさって、船はまるで緑のトンネルを下っているようだった。観光客も令和の休日を十分に楽しんでいるように見えた。

明治日本の産業革命遺産のひとつとして、製鉄、製鋼、造船と共に石炭産業が世界文化遺産に指定された。世界文化遺産となった三池炭鉱の万田《まんだ》坑は、ＪＲ荒尾駅から遠くない場所にあった。私は、１９８１年の北海道夕張炭鉱のガ

柳川の川下り。新緑に川が染まっていた。中国、韓国からの観光客も多いようだった。5月4日

ス突出事故、1984年の三池炭鉱有明鉱事故を撮影に行ったことがある。

石炭が石油に変わる前、石炭は重要な動力の資源だったが事故も起こった。万田坑は1902年に開始、1951年に石炭採掘を終えたが、年間86万トンを採掘したという。当時炭鉱で働いていた人々の様子や家庭生活を想像した。鉱員たちが地下に下りていく竪坑や風呂場などがあり、炭鉱の様子を物語っていた。

昨日は憲法記念日。安倍政権は憲法9条の第1項「武力による威嚇《いかく》又は武力の行使」を永久に放棄する第1項、「陸海軍その他の戦力」を保持しないとした第2項をともに残し、第3項で自衛隊の存在を明記する改正案を目指している。

私はこれまでの戦場取材を経て、軍隊があるから戦争が起こると思っている。だから軍隊を持たない憲法9条を支持している。戦闘機、軍艦、兵士を持つ自衛隊は軍隊であり、憲法9条に違反していると思っている。朝日新聞による、自衛隊は憲法違反かどうかについての今年の世論調査では、①違反ではない69パーセント、②違反19パーセント、③どちらともえない12パーセントとなっている。1968年の調査では、①40パーセント、②17パーセント、③26パーセント。戦後74年となり、人々の意識の変化がわかる。もっともっと議論すべきと思う。

5月6日（月）玉名市―熊本市北区　玉名市立歴史博物館の壁に金栗四三《かなくりしそう》展を案内する幕が張ってあった。金栗はマラソン選手、日本最初のオリンピック選手だったことは知っていた。しかし何故、玉名市で展示されているのかわからなかった。少し先で、今度は金栗を主人公にした「いだてん」のNHK大河ドラマ館があり、ボランティアの人たちが車の交通整理をし、チケットなどを売っていた。リュックを背負った姿が珍しかったのか、声をかけられたので北海道から歩いていると言うと、ボランティアの人たちからフェイスブックに載せるので一言と頼まれた。沖縄ゴールまで金栗さんのように頑張りたいと話した。

金栗の史実年表、ドラマで使用された衣装、道具などが展示されていた。金栗は1891年、玉名郡、現在の和水町で生まれ、片道6キロの小学校まで走って通学していたとのこと。1912年のストックホルムオリンピックに参加したが、レースの途中に日射病で倒れ、ゴールはならなかった。その後、現在の箱根駅伝の始めとなる駅伝を創設したとのこと。

連休の終わりのせいか、乗用車の交通量が多かった。旅先から家に帰る人たちかもしれない。田原坂を上った。明治政府軍と、西郷隆盛が指揮する薩摩軍の総勢10万人が戦い、双方の戦死者1万4000人以上、西南の役（1877年）の最大の激戦地となった場所だった。子どもの頃、「雨は降る降る、人馬は濡れる、越すに越されぬ、田原坂」という歌を口ずさんだりした。

熊本地震被災地の人々

5月7日（火）熊本市北区―熊本駅前　江戸時代後期の建築で、島津藩、細川藩の参勤交代の際に休息所になったという市指定有形文化財の庄屋屋敷があった。あいにく休館日だったが、外からでも立派な日本建築の伝統を受け継いでいることはよくわかった。

表通りに古い常夜灯と六地蔵、庚申塔《こうしんとう》があった。説明には、平安時代から六地蔵説があり、地獄、餓鬼、畜生、修羅、人間、天道を六道といって、人間は罪深く、生前も死後も己《おのれ》に迷う。地蔵は6つに分身して人間を救うとのこと。私は無宗教で、神、迷信のことは平常考えないが、現在は己に迷うというより反省ばかりしている。だから路傍の地蔵を見ると、旅の無事を祈り、反省のお詫びをしている。

熊本市内では市電が走っていた。東京でも通学していた両国高校の前、一時住んでいた千代田区九段でも市電が動いていた。今回の旅では函館、岡山で市電を撮影した。今の市電は各種の色や形があるので、見ていて楽しい。

5月8日（水）熊本駅前―熊本市御幸笛田　熊本大地震（2016年）で大きな被害を受けた益城町《ましきまち》役場仮庁舎の前で、益城町に住む甲斐康之さんと落ち合った。甲斐さんには2年前、益城町を撮影したときに案内していただいた。木山仮設団地にいる林清治さん（79）は、2016年10月から奥さん、長女、孫と一緒に住んでいる。地震の前は益城町、宮園の家に住んでいた。家のローンも払い終え、生活は安定していた。

しかし、その年の4月に続けて起こった地震で家は壊され、生活は一変した。福岡市に住む長男の家に避難し、

益城町の木山仮設団地の集会所で爪楊枝花瓶をつくる婦人たち。大地震に襲われ家を失ったが負けないという意気込みを感じた

その後テント村、コンテナハウス、現在の仮設生活となった。奥さんは仮設生活で体調を悪くして入院している。いつも元の家の場所に戻りたいと言っているとのこと。

家を建てたくとも、高齢では銀行はお金を貸してくれないが、孫がローンを組んでくれることになった。しかし役場の区画整理計画が終わるのがまだ先のことなので、それまでは仮設に住まなくてはならない。林さんの年齢で仮設を続けるのは大変だ。

仮設は、家賃は免除されるが、光熱費は自己負担。バブル時代に土地を買い、25年ローンで家を建てたが、今は土地の評価が下がっているので、土地を売って他の家を建てた人は新たな借金を背負っている。また、区画整理で道路を広くするために土地の14パーセントを無料で町に提供しなくてはならないとのこと。

木山仮設団地の集会所「みんなの家」には年輩の女性たちが集まっていて、爪楊枝《つまようじ》をヤクルトの空き容器に巻いて小さな花瓶をつくっていた。水も入るので、小さな花を生けることができる。とてもよいものだと感心した。敬老の日に仮設のお年寄りにプレゼントするとのこと。ちなみにお年寄りは75歳以上で、50個くらいつくる予定。「ここにいらっしゃる方も貰う資格がありそうですね」と冗談を言った。

その中の1人は、一度は抽選で外れたが、復興住宅に入ることができるのを待っているとのこと。甲斐さんによると600戸以上建設予定で、現在36戸完成で入居済み。年収120万円以下はゼロとみなして家賃は2万3000円、光熱費は自己負担。家賃補助はないので国民年金で生活している人にとって家賃は大きな負担になるという。

地震前、益城町の人口は3300人、現在は3100人と大きな減少はない。それは熊本市に近い、水がうまい、病院は倒れなかったなど、住み易い環境があるからとのこと。毎週火・水・木に集まって話したり、仮設団地内外でイベントの計画を立てている。

益城町の中心地である宮園は、前に来たときは家を壊して更地にする作業が進んでいた。現在作業は終わって、区画整理計画を待っている状況だった。林さんの土地の前の地蔵堂は傾いたままになっていた。地蔵堂は宮園区の歴史でもある。林さんの奥さんが元の場所に戻りたいと言うのも、こうした思い出のある場所で生活したいという気持ちがあるからだろうと思った。

熊本城へ行った。天守閣の補修は完成しているが、他は崩れたところが手つかずのところも多く、全面的な補修が終了するまではまだ時間がかかりそうという印象を受けた。

5月9日（木）御幸笛田―宇城市　熊本市の川で水草、ホテイアオイを見た。ベトナムのメコン川にもこの水草が流れていた。メコン川は南シナ海にそそいでいて、潮の変化によって流れを変える。畳くらいの大きさに集まったホテイアオイが、朝には海に向かって流れ、夕方にはまた戻ってくる様子を見るのは、ベトナムの旅の大きな楽しみだった。

ところどころで九州新幹線を撮影した。山陽新幹線は走る回数が多いが、九州新幹線は少ないので、しばらく待たないといけない。しかも姿を現したと思うと数秒で通り過ぎてしまう。それを撮影するのもカメラマンの喜びである。

時々、よい香りがする。なんだろうと思ったら、柿の花だった。今度の旅で柿の花の香りに初めて気がついた。今、ちょうど花の時期。昨年北海道をスタートしたときは青い実だった。東北では熟した実をつけ、柿の木を各所で見かけた。歩いているうちに時は流れてゆく。

沖縄から疎開した兄のいた場所

5月10日（金）宇城市―八代市　ホテルで朝食を終え、エレベーターに乗っているときに揺れを感じた。地震かもしれないと思った。道を歩いているとまた揺れた。いずれも大したことはなかったが、2人の友人から、熊本県の地震をテレビが伝えていたが大丈夫かと心配して電話があった。

水田に水が入れられていた。シロサギが水の入った水田をつついていた。カエルやドジョウが喜んで姿を現したところを狙っているのだろうと思った。

進行方向の右側を新幹線、左側を鹿児島本線が走っていた。16年前の徒歩の旅のときは、各地で新幹線の土台を建築していた。今はその上を電車が走っている。

鹿児島本線の方を見ると、SLが走ってきたので急いでシャッターを切った。SLとは想像もしていなかったので、ＪＲ九州の広報に電話すると、土・日・祝祭日には熊本〜人吉間を一往復させており、今日は金曜だが旅行シーズンなので走らせたとのことだった。ＳＬを見て得をしたような気分になった。

蓮根水田の手入れをしている女性がいた。大きなマスクをしていたので表情はわからなかったが、若い美人だろうと想像した。３月から４月にかけて苗を植えて、７月から３月にかけて収穫するとのこと。ＳＬはしょっちゅう見かけるという。熊本にはあちこちに蓮根の水田があった。居酒屋でからし蓮根を食べた。

5月11日（土）新八代駅前―八代市日奈久町　ゴザを数枚広げて水をかけている老婦人がいた。新しく織ったゴザを染めて、コースターやランチョンマットをつくるとのこと。

40年くらい前、八代《やつしろ》市には井草農家がたくさんあって、畳用のゴザの製作所もたくさんあった。洋室が増えるにしたがって畳の日本間が減少し、中国から安い井草が輸入されるなどで井草農家が減り、ゴザ製作所も今では数えるほどになってしまったと言っていた。

井草水田を見にいった。作業をしている女性がいた。井草は寒いときに苗を植え、暑いときに刈るそうだ。16年前に八代を通ったとき、７、８人の女性が並んで田植えのように井草の苗を植えていた。今は機械で植えるが、以前は凍った水田を手で割りながら苗を植えたという。

八代市の日奈久《ひなぐ》温泉は、１９４４年8月、沖縄から疎開児童として本土に来た大勢の子どもたちが分散して旅館に泊まり、当時の日奈久国民学校で学んだ。その中に私の兄もいた。今は日奈久小学校となり、校舎もコンクリートだが、場所は同じという。

土曜日で生徒はいなかったが、篠原禎子先生が帰るところだった。「沖縄からの疎開のことは聞いている。昨年、疎開体験のある先生に沖縄から来てもらって、生徒に当時のことを話してもらった」とのこと。

兄が泊まっていた柳屋旅館に寄った。以前撮影をしたことのある、疎開児童のことを知っていた主人は、3年前に亡くなったと、後を継いだ息子さんが言った。建物は1938年に建てたものとのことだった。やはり疎開児童が泊まっていた新湯旅館は、営業をやめていた。

酒屋を営み、やつしろ観光ガイド協会員でもある池田正一さんは、1935年3月10日生まれなのでサントウカ310日＝山頭火と称して、山頭火のような衣装を着て日奈久温泉のPRをしたこともあるという。

山頭火は1930年5月10日から13日まで日奈久温泉に泊まった。そのときの木賃宿「織屋」が記念に残されている。16年前にも撮影したが、そのままだった。

5月13日（月）八代市―芦北町　八代湾に沿った小さな道を歩いた。八代湾を山道の高いところから見て、青く染まり美しい海と感じた。峠から眺めると、海の向こうに天草の島が見えた。

八代市出身の八代亜紀の歌が好きだ。青函連絡船がなくなる前の1986年12月、冬の津軽海峡を見たいと羊《よう》蹄丸《ていまる》に乗船して函館へ渡った。電車とバスで北海道一周を試みた。根室の小さなバーで聴いた八代亜紀の「舟唄」が強く印象に残った。九州を歩き、北海道を思い出した。

峠から海岸線を走る肥薩おれんじ鉄道の線路が見えたので、電車が来るのを待った。カメラマンの楽しみである。上り下り、1時間に1本しか通らない1両だけの電車は数十秒で通り過ぎていったが、撮影できて満足した。

小島農園と書いた札を立てて、年輩の男性が水を撒《ま》いていた。トマト、トウモロコシなど野菜が多い。85歳。5年前に奥さんが亡くなった。子どもたちは都会に行っているのでひとり暮らしとのこと。

「静かな環境の中で何を考えながら生活しているのか」と聞くと、「何も考えない」とのことだった。漁師をしていたが引退した。朝は早く起きて、自分の食べる分の魚を釣る。米は買うが、野菜は自分でつくる。夜はテレビを観ながら焼酎を飲んで、眠る。のんびりと生きている。幸せだよ、と言った。

山道を出ると、雑草の茂った空地から熟した枇杷《びわ》とグミの枝が道の近くまで枝を伸ばしていた。小さな実の枇杷で、所有者がいないと判断し、ウォーキングポールで枝を手繰り寄せて、枇杷とグミの実をひとつずつ取って口に入れた。野生的な味がしてうまかった。今は少々渋いグミを食べる人はいないと思う。私たちの子どもの頃、森の中で桑、グミ、椋《むく》の実を見つけると大喜びして食べた。


5月14日（火）芦北町―水俣市　湯浦川にそって水俣へ向かった。年輩者たちが公園でゲートボール大会をしていた。どこまで行くのかと聞かれたので、北海道から沖縄まで歩いていると言うと、大きな声でそのことが周りに伝えられたので、皆一瞬手を止めてこちらを見ていた。頑張って下さいと声をかけてくれる人もいた。

河口のあちこちで小さな波が起こっていた。小魚が泳いでいるようだ。シロサギ、アオサギが小魚を狙っていた。

小学1年生の頃、疎開児童で本土に来た兄を日奈久に迎えに行ったとき、どこかの宿に泊まった。旅館の窓から、大雨に溢《あふ》れる程水を湛《たた》えた川を眺めたことを、かすかに覚えている。この湯浦川ではなかったかと思った。

沖縄の復帰の日に

5月15日（水）水俣市―鹿児島県伊佐市　祖父、両親を水俣病で亡くした杉本肇さん（58）が、船で水俣湾を案内してくれた。杉本さんは代々の漁師を引き継ぎ、海に出てしらす漁をしながら、語り部として水俣病資料館や他の場所で水俣病について話している。無農薬みかんも栽培し、販売している。弟たちとコミックバンドを結

水俣湾を案内してくれた杉本肇さん。第二水俣病（阿賀野川）、イタイイタイ病（神通川）、集団ぜんそく（四日市）と共に四大公害病といわれる水俣病の語り部である

成しているミュージシャンでもある。

水俣病は、チッソ水俣工場の排水に含まれていたメチル水銀によって中枢神経疾患症状が生じる病気。メチル水銀に侵された魚介類を食べた人、その胎児に脳性麻痺《まひ》などの症状が起こった。当時、私が勤務していた毎日映画社が製作したニュース映画で、メチル水銀中毒で脳神経に異変が起こった猫がフラフラしている映像が目に焼きついている。

１９５６年には50人が発病、11人が死亡しているとのこと。チッソは患者と排水の因果関係を認めなかったが、１９５８年、政府は水俣病を公式認定した。１９６９年、被害者がチッソに対して損害賠償訴訟を起こし、その中には杉本さんの祖父もいたが、水俣市にはチッソ勤務者も多く、批判を受けたという。戦時中から中毒症状が起こっていたが、原因がハッキリせず、奇病と発表されたため、家族はいじめ、差別を受けたとのこと。

杉本さんは祖父母、両親の苦しみを見ていたので、水俣病の苦悩を知らせるために語り部となった。また、人生には笑いが必要と、コミックバンドを結成した。

杉本さんは、「チッソに非を認めさせる裁判中、その後は支援者が漁業やみかん栽培を手伝ってくれて心強かった。そのためにも水俣病を多くの人に知ってもらいたい」と話す。無農薬みかんは形がよくないので売れないのではないかと心配したが、安全な食べ物を求める人も増えているという。

水俣湾のきれいな海で、アカモクという海草が揺れていた。食用になるが、魚の産卵の場になるのでそのままにしてある。以前、工場の排水近くの湾には、メチル水銀に浸かった魚が湾外に出ないよう、また、湾外の魚が入らないよう柵がつくられたが、１９９７年に水俣湾の安全宣言が行われ、漁業が続けられている。

今日は沖縄復帰47年。当時、私は沖縄を1周して復帰の日の24時間を撮影した。豊見城《とみぐすく》村（現在は市）の上田小学校の５年生が、復帰を皆で討論する特設授業をしていた。黒板には生徒の手で「復帰をしてもアメリカの基地は残る」と書いてあった。２年前、そのときの担任の先生だった宮里愛さんに会ったとき、「今も45年前に子どもたちが言っていた状況と変わりませんね」と言っていたことが強く印象に残った。皆が望んだ基地縮小は僅かで、辺野古《へのこ》に新しい基地の建設が進められている。

２日前の13日、地元の熊本日日新聞に、１９５３年、日米地位協定の中で、日本政府は重要事件でない限り米兵への裁判権を放棄するという密約がなされていたと報じていた。この記事を見て、47年前の復帰の日、上田小学校特設授業の黒板に書かれていた「アメリカ兵は犯罪を犯しても罪にならない」という文字を思い出した。

１９７１年、同小学校の当間学君が米兵のトラックにひかれて死亡したが、太陽の光が目に入って当間君が見えなかったという米兵の証言で無罪となった。当間君の事故に限らず、沖縄では犯罪を犯して基地の中に逃げ込んだ米兵が、そのまま帰国して迷宮入りとなった事件が多数あり、沖縄人は泣かされてきた。基地内は治外法権で、沖縄の警察も調べることができず、日本政府も犯人逮捕に消極的だった。その状況は現在も続いている。

兄・順章が旅立つ

5月16日（木）鹿児島県伊佐市―吉松　伊佐市の八幡神社に、伊佐市は鹿児島県焼酎発祥の地と書かれた看板があった。１５５９年、八幡神社を大工が補修したとき、「一度も焼酎を振る舞ってくれなかった」と書いた文字が今も残っているという。

伊佐市の酒店に伊佐美、伊佐舞、伊佐錦などの樽が積んであった。伊佐美は１８９９年につくられたとのこと。私も以前に鹿児島の居酒屋で幻の焼酎といわれて伊佐美を飲んだことがある。

菱刈地区の大通りは人気《ひとけ》が少なかったが、病院、図書館、床屋、食堂、衣料品店などの店が一軒ずつあって、人口の多いときは遠くまで行かなくてもこの場所で生活品が揃い、活気があったのだろうと子どもの頃住んでいた町を思い出した。

そんなとき、沖縄にいる兄・順章（84）が、入院したが病状が急変し危篤状態と医師から電話があった。気管にチューブを入れて酸素を送り、延命措置をとることはできるが、痛み止めを打ち続けなければならない。このままの状態では、あと数分か数十分で息が止まるだろうとのことだった。私の判断を受けるための電話であった。兄は昨年の春に腰を骨折して以来、神経系統損傷で動けなくなり、医療設備のある施設に入っていた。昨年5月に施設に行ったとき、意識がはっきりとせず、私と会話ができなかった。腰の床ずれがひどい状態で、さぞつらいだろうと思った。

その後、腸が痛みお腹が張るので、総合病院に2度行き、手術をする場合の同意を求められた。この時はカテーテル治療で治ったのだが、もしものことがあった場合に延命措置をとるかどうかの話し合いになり、私はとらなくていいと伝えた。命が大切なことはよくわかっているつもりである。意識が戻り、人生の喜びと悲しみがわかるのであればいいが、昨年から体が動かせずにいる兄をそのまま眠らせてあげたいと思った。

今回、医師には少し考えさせてくださいと伝えていったん電話を切ったが、歩きながらやはりこのまま眠らせてあげたいと思い、そのことを医師に伝えた。1時間後、いつも電話で話している施設の担当者に電話すると、「安らかに眠ったようなお顔で旅立たれました」と言った。

小学1年生のときに沖縄から疎開児童で渡ってきた兄を九州で迎え、戦争中、敗戦後と生活の苦しい時代を一緒に過ごし、私が高校生のときに沖縄の父のところへ帰った。沖縄へ行く度に兄と会い、私と兄の仲のよいことは皆から珍しがられる程だった。

歩きながら兄のことをたくさん考えた。明日、鹿児島空港から早い飛行機で帰ろうと思ったが、親しくしているいとこが、「火葬ほか、全て自分たちでする。もう少しだから那覇にゴールしてからあらためて集まろう」と言ってくれた。それを聞いて、私もその言葉に甘えて旅を続けようと決心した。

5月17日（金）吉松―霧島市 各地で茶畑を見た。九州は茶の生産量は多く、鹿児島は静岡に次いで第2位とのこと。鹿児島国際空港のフェンスに沿って茶畑が広がり、旅客機は茶畑の中を移動しているように見えた。その様子はベトナム・ホーチミン市のマジェスティックホテルから見たマングローブの中を通る貨客船を思い起こさせた。南シナ海に通じているサイゴン川を、1万トン級の客船がサイゴン港まで移動してくる。サイゴン川の周囲にはマングローブが茂っているので、川が見えず、まるで船が森の中を動いているようだった。

5月18日（土）霧島市―始良市 始良《あいら》市では作家の島尾敏雄さんを思い出した。島尾さんが奄美大島の図書館長をしているときに撮影に行って以来、交流が生じた。その原因は、私のベトナム取材、父・石川文一の作品を知っていたこと、奥さんのミホさんの祖先が沖縄人であったことにあると思う。

その後、島尾さんが奄美大島を離れるとき、かつて小型船に爆薬を積んだ特攻隊長として任務につき、そこでミホさんに出会ったという思い出深い加計呂麻島《かけろまじま》にミホさんも同行して撮影した。沖縄復帰の翌1973年、一緒に沖縄を回ったこともある。島尾さんとは毎年年賀状を交わしていたが、住所が始良市に変わっていた。始良市を歩きながら、島尾さんとミホさんの優しい笑顔を思い浮かべた。

始良市加治木町に椋鳩十文学記念館があった。椋の作品は「片耳の大鹿」しか見ていないが、長野県で生まれた絵本作家として関心を寄せていた。雨に濡れたポンチョを着ていたので、学芸員が気の毒に思ったのか親切だった。書斎の再現が興味深かった。

雨の中を走る電車を撮影した後、歩いている途中で防水カメラを落としたことに気がついた。ハンカチで巻いてビニール袋に入れてある。誰かが気が付いてそのままにしておいてくれるといいが、交番に届けたりするとわからなくなる。カメラは安物だがこれまでに撮影したデータが入っているし、梅雨時の沖縄での撮影に困る。

電車を撮影した場所まで戻る途中、道の中央に白いビニール袋が見えた。あったと思った。そのときの喜びは口では言い表すことができない。四国遍路ではライカの下蓋を落とし、やはり道へ戻る途中に落ちているのを見つけた。落としたことに気がつかないのが私の鈍感なところだ。この性格は直らない。

5月19日（日）始良市―鹿児島市　海岸線に沿った道を歩いたが、桜島が雨に霞んで少し見えたり、全く見えなくなったりして残念だった。以前の旅で目前に迫った桜島に感動したことがある。

突然声をかけられて振り向くと、自転車に乗った若い外国人女性だった。後方から私の姿に気がついていたのだろう。彼女の日本語よりは、私の片言の英語の方が少しはいいようなので、英語で話した。

北海道から歩いていると言うと驚いていた。彼女はドイツ人で、北海道で仕事をしているという。1ヶ月の予定で四国を回り、今は九州各所を見ているところだった。雨の中ではあまり長く話はできないので、北海道のニセコに友人のミッチーがいると言って名刺を渡した。

すると彼女から携帯に電話があり、私の徒歩の旅に関心があるとのことだったので、夕食を一緒にすることにした。ホテルの前の居酒屋で、私の旅について話し、彼女のことを聞いた。

ドイツ人のジュリア・コラムさん。その後連絡していないが、まだ日本にいるのだろうか

名前はジュリア・コラム。25歳。2年前にも来日して、半年間、広島、福岡、東京のレストランやバーで働き、日本語を勉強した。昨年9月に再来日して北海道へ行き、今は船に乗って昆布を採っているとのこと。休暇をとって大阪まで飛行機で来て、四国から広島を通り、今回は九州を中心に回る。これから指宿《いぶすき》、熊本、長崎に行くとのこと。

生ビール、刺身、天ぷら、焼き鳥も好きとのことで、よく飲み、よく食べた。旅の間は知り合った人の家、野宿、ホテルや旅館に泊まっている。今夜はホテルに泊まるとのこと。明るい陽気な女性だった。


5月20日（月）鹿児島市内　昨日は日曜日だったが、姶良から歩いたので、今日は本土徒歩の旅最後の休日。ホテルから一歩も出ずに資料を整理し、原稿を書いた。

第6章　沖縄、ふる里を歩く

沖縄北部の山原（やんばる）で咲いていた伊集（いじゅ）の花。梅雨時に咲き、復帰した72年5月15日の雨を思い出すという人もいる

船旅、友人との再会

5月21日（火）鹿児島市―鹿児島県海上　明日は沖縄。北海道、本州、九州の旅を思い浮かべながら、鹿児島の中心街を歩いた。沖縄で生まれたが、本土で育った。本土には友人も多い。本土で生涯を終えることになるだろう。でも沖縄はふる里である。船でゆっくり沖縄へ渡るのは楽しみだ。

鹿児島～沖縄間フェリーは毎日1回出港している。フェリー「あけぼの」に乗船した。6時半出港。奄美大島、徳之島、沖永良部島、与論島に寄り、本部《もとぶ》到着は明日、16時40分の予定。那覇到着はその2時間後。

料金は定員2名の特等が一人3万4200円。4人の一等が2万7360円。大勢の人が雑魚寝する、私が利用した二等和室は1万3680円。約35人の部屋で、畳んだ毛布と枕が並んでいた。自分の床はチケットに記入されている。リュックを枕元に置いて、デッキに出た。大勢の人が出港に合わせてデッキにいた。目前に迫るような桜島の頂から、噴煙が上がっていた。私には珍しい光景だったが、地元の人は見慣れているのだろう。

最近、沖縄への往復は飛行機を利用している。船の方が好きだが、時間のかかる船は今では贅沢な旅の感がある。しかし、戦中はもちろん、戦後も長い間、旅客機は庶民には手の届かない高価な乗り物だった。私が初めて旅客機に乗ったのは、1964年、香港からベトナムへ行ったときだった。

それまで沖縄と本土との往復は船に限られていた。東京の晴海から何度も白山丸に乗船した。1940年につくられ、戦後は中国からの引揚げ船にもなったが、本土～沖縄航路の主要船になっていった。4351トンの貨客船だが、老朽化していた。船底の船室には大勢の客がいたが、船独特の臭いと揺れでひどく船酔いした。現在の船は清潔で揺れも少なく、船酔いする人も少ない。

フェリーで本部港到着前に見た光景（2019年５月22日）。辺野古埋め立てに使われる土砂を削った山肌。山がなくなってしまうのではないか

5月22日（水）奄美大島名瀬―沖縄県本部町

早朝４時半頃、間もなく名瀬港に到着という放送があった。私はすぐデッキに出た。まだ薄暗い。船が寄港する島の中で、奄美大島が一番大きい。

約80パーセントと思われる客が降りていった。乗ってくる人々もいた。沖縄へ行くと思われた。私がいる部屋からは６人の人が降りた。コンテナを降ろしたり積んだりの作業が忙しそうだった。人を運ぶと同時に積荷も船舶会社の重要な仕事なのだろうと思った。

与論島から観光ツアーと思われる大勢の人が乗船してきた。北海道から奄美大島まで飛行機で来て、与論島も観光し、那覇まで行くとのことだった。いろいろな観光があるのだなと思った。

伊江島の城山《ぐすくやま》が見えた。私には「タッチュー」の呼び名が懐かしい。以前、船で帰郷するとき、「タッチュー」が見えるとふる里へ帰ってきたという気持ちになった。今回も北海道をスタートして、ゴールに近づいたと感無量だった。

本部港に親しい友人たちが待っていた。北海道から歩き、とうとうふる里沖縄に着いたと感激した

沖縄北部の本部港が見えてきた。本部港に近づくと、異様な光景が目に入った。山肌が白くなっている。ずっと以前からセメントをつくる会社が山を削っていた。沖縄に帰って本部町の先にある備瀬《びせ》に住もうと考えていた時期があったので、20年くらい前から兄と一緒に民宿に通って釣りをして、沖縄の海を楽しんでいた。そのときも、セメントの材料を採取していたが、今は大規模になっている。辺野古を埋める土砂をとっていたのだ。近くに漁船より大型の船が10隻くらい見えた。観光客から何の船か聞かれたが、わからなかった。

沖縄の友人たちが迎えにいくと言っていた。ひとかたまりになっている10人くらいの人がいた。デッキから手を振ると、向こうでも手を振った。とうとうふる里に到着したと急に胸が熱くなった。

沖縄の土を踏んで、友人たちと握手を交わした。徒歩の旅沖縄到着を取材に来ていたメディアの方に、旅の経過、ふる里に着いた喜びを語った。

沖縄の旅を支援してくださる大城弘明夫妻、今郁義夫妻、内間秀太郎・良子夫妻、中根修、仲程桂一郎、亀島重男ほかの人々とホテルで打ち合わせをすることになり、約2・5キロを歩いた。削られた山から採取された砂利は、沿岸に並んでいた船によって辺野古《へのこ》の海の埋め立て場所に運ばれているとのことだった。ホテルの前の海に砂利運搬船が並んでいた。フェリーから見た船は砂利を運ぶ船だったのだ。

再会を約束して、皆さん自動車で那覇方面に帰っていった。ホテルのレストランで沖縄の生ビールと本部町産の泡盛を飲み、1人で無事ふる里到着を祝った。

5月23日（木）本部町塩川―名護市　道路横の雑草、植物はまさしく沖縄独特である。朝顔のような花をつけたツルが地を這っている。小さな花のランタナを見ると、アメリカの爆撃を受けていた北部ベトナムのハノイから中部のベンハイ川まで自動車で行ったときのことを思い出す。灼熱の太陽の暑さと乾いた土埃《つちぼこり》の中で咲いていたランタナが、疲れた心を癒《いや》してくれた。沖縄の気候風土は東南アジアと同じと思っている。パイナップルのようなアダンの実がぶら下がっていた。まだ青いが、熟すと茶色になる。

本部町塩川地区では、自然の楽しみを破るかのように山を削っている現場が目前に現れた。すごい光景である。採取した砂利がひっきりなしにトラックで運ばれていく。砂埃が一帯を覆い、これは公害だと思った。その中を沖縄記念公園へ行く観光バスが通り抜けていく。観光客はこの光景をどう感じるのだろう。

辺野古の海はまだほんの一部しか埋め立てられていない。基地が完成するまでは大量の土砂が必要だ。削り続けられたこの山は丸裸にされてしまうのではないか。失われた自然はどう回復されるのか。姿を変えられるのは埋め立てられた海だけではない。山も変わってしまうと思った。

名護市安和《あわ》ではトラックが運んだ土砂が長い筒を通って運搬船に積み込まれていた。運搬作業に反対する市民たちが、辺野古埋め立て反対のプラカードを掲げて作業中止のシュプレヒコールを繰り返していた。

辺野古、基地建設の現場で

5月24日（金）名護市街―辺野古漁港　大城弘明さんの車で辺野古漁港へ行った。ヘリ基地反対協議会事務局

沖縄の宿の手配などでお世話になった元沖縄タイムスカメラマン大城弘明さん。大城さんが琉球大の学生時代からのつきあい

長で、乗船する抗議船・平和丸の仲本興真船長と、ヘリ基地反対協議会共同代表の安次富浩《あしとみひろし》さんに挨拶をした。お二人に会うのは昨年12月の土砂投入以来だった。

安次富さんは出港する平和丸を見送ってくれた。海上でまず感じたのは、昨年から工事が進み、クレーンなどたくさんの建設用機材が並んでいること、船での立ち入り禁止区域が広がっていることだった。以前は船で近づくことができた場所には土手ができて土砂が投入されていた。大浦湾の方へ行くと、昨日見た運搬船から台船に土砂が移され、台船は陸に近づいてトラックに土砂を移し、トラックは海に土砂を投入する。次の運搬船が土砂を積んで同じ作業に移るのを待っていた。

山を崩して土砂を採る。トラックで運ぶ。運搬船に移す。運搬船が辺野古沖で台船に移す。台船からトラックへ、トラックは海へ土砂を投入。撮影していると基地がつくられる過程がわかった。

海上保安庁の警備艇が平和丸の近くに集まってきた。立ち入り禁止区域だから去るようにとマイクで繰り返した。美《ちゅ》ら海は沖縄の財産であり、皆のものであり、私にも海を共有する権利があると思っている。これまで県民大会、知事選など、たびたび、辺野古基地建設反対の沖縄の人々の気持ちが示されてきた。その民意を無視するように基地建設が強行されてきた。広くした水域から立ち去るよう繰り返していたが、去るのは基地を建設しようとしている政府側ではないかと思った。

建設に反対するカヌーに乗った人がフェンスフロート内に入ると、海上保安庁職員が飛び込んで阻止した。以前から何度も撮影してきた光景である。政府基地建設を進めて既成事実をつくり、住民に諦めの気持ちを植えつけようとしている。沖縄の人々は諦めず、反対を続けている。

海上での建設現場と抗議している人々の状況を撮影して港に戻ると、次に乗船する人々が待っていた。私たちも含め乗船は皆無料である。燃料などの経費は全国からのカンパ、抗議する人たちはボランティア。1人でも多くの人に現状を見てもらって理解を深める。その積み重ねが抗議活動をする人々を広げることになると仲本さんは言う。

12時半、米軍キャンプ・シュワブゲート前では、トラックの土砂搬入に備えて今日2回目の座り込みが始まっ

キャンプシュワブ前の座り込みで止められた土砂を積んだトラック

本部町塩川でトラックから土砂を船に移して運ぶ

海上保安庁のボートにカヌーで抗議する若者

た。土砂は、陸はトラック、海上は運搬船で運ばれる。座り込む人の後ろにガードマンが整列した。皆は基地建設反対をシュプレヒコールし、山城博治作詞の「沖縄今こそ立ち上がろう」や、復帰前から歌われた「沖縄を返せ」などを合唱した。その間、ゲートは閉ざされており、トラックが道路に長い列をつくっていた。海上から見た大規模な建設工事、陸上のトラックの群れから、民意を無視した国策の恐ろしさを感じた。

13時になると、警官が出てきて座り込みの排除を開始した。座り込んでいる人は年配者が多く、おとなしく排除され、警官にも乱暴な様子は見られなかった。しかし、座り込んだ人々は確実にトラックを止め、諦めないぞという姿勢を見せていた。

本土では辺野古の状況はわからない人たちが多い。沖縄の基地負担の大きさを言葉では知っていても、抑止力として米軍基地は必要と考え、基地建設を進める現政権を支持している。そういった状況の中で諦めない人たちが続けている抗議活動を見た。

5月25日（土）名護市街—辺野古　昨日は車で辺野古へ行ったので、今日は名護市街から辺野古まで約10キロを歩いた。日本海側西海岸から太平洋側東海岸への横断である。暑いが、歩道の幅が広いので歩き易い。

道の北側は北部の深い森林が広がっている。道路脇の月桃《げっとう》が白い花をつけていた。月桃の葉の香りが良い。葉で甘い餅を包んだカーサームーチーが好きだ。那覇の公設市場へ行く途中にある平和通りの店では、復帰前から売っていた。私は買って長野でも食べる。ヘゴの木があちこちで見られた。シダの種類で、大きな葉は細く分かれている。何故か恐竜がいた原始時代を想像させる、好きな植物だ。

太平洋の海が見えてきたが、辺野古基地建設を進めている海なので、心から喜ぶ気持ちにはなれなかった。キャンプ・シュワブ前のテントで、静岡大成高校放送部の原川成羽君と、放送部顧問の溝口信宏教諭が、基地問題の取材をしていた。原川君に「座り込みの人たちは何故反対をしているのか」「沖縄には辺野古建設を認める人もいるが何故か」「本土では辺野古の状況を知らない人が多いようだがどう思うか」など、かなり真剣な質問を受けたので、沖縄生まれの元戦場カメラマンとしての私の考えをわかり易く説明した。

5月27日（月）名護市―辺戸岬　前回の徒歩の旅では沖縄は辺戸岬《へどみさき》をスタート地点とした。今回は辺戸岬から歩く時間を辺野古の取材にあてたが、やはり今の辺戸岬を見たかったので、大城弘明さんの車で向かった。

途中、大宜味村に住む平良啓子さん（84）と喜如嘉《きじょか》公民館でお会いした。伊波洋一さんの講演会の後片付けに来ていたという。元気である。啓子さんは1944年8月22日、沖縄から本土への学童疎開児童として対馬丸《つしままる》に乗船中、米潜水艦の攻撃を受けた。児童780人（判明時）が犠牲になった。当時9歳だった啓子さんは海に投げ出されたが、数少ない生存者の1人だった。先に本土に来ていた母と私は、疎開船団で攻撃から免れた和浦丸に乗船していた兄を、途中、空襲に遭いながら鹿児島へ迎えにいった。

平良啓子さんは私より3歳上だがとても元気。子どもたちに大切なことを語り継いでいる

啓子さんと初めてお会いしたのは1989年、塩屋小学校で教員をしているときだった。その後何度かお会いしたが、現在も対馬丸沈没体験者として、学校他いろいろな場所で当時のことを語り継いでいる。啓子さんは5人の子どもに恵まれ、14人のお孫さんと6人のひ孫がいる。生き残ったので、子から孫へと命を継ぐことができた。戦争では、命を継ぐことのできないまま大勢の人が死

沖縄の北端、辺土岬の祖国復帰闘争碑近くの観光客。那覇からは高速バスで90分だが路線バスを乗り換えながら３時間かけて行くのも面白い

んでいく。啓子さんと会っていると、命の大切さがよくわかる。戦争することが国益と結びつくと考えている政治家は、失われる命のことは考えない。

　沖縄最北端の辺戸岬には、祖国復帰闘争碑が立っている。その横でマレーシアからの観光客６人と、埼玉県からの観光客４人が記念撮影をしていた。天気はあまりよくなかったので、与論島は霞んで見えた。復帰前は年に１度、米国施政下の沖縄と本土との境界になる27度線の海上で、双方の人々の交流会が行われた。今は沖縄観光に訪れた人が、青い海、岬に打ち寄せる波、海岸に咲く花を眺め、写真を撮っている。平和な光景だ。

　米軍のヘリパッドがある高江に寄った。米軍と防衛庁は北部訓練場の部分返還をする際、そこにあった６ヶ所のヘリパッドを高江周辺に移すことを決めた。大《おお》宜《ぎ》味《み》村《そん》議会、県議会はヘリパッド建設反対の意見書を提出、建設反対の高江村民や支援者が座り込み、２０１６年は神奈川県他の本土からの機動隊が５００人も座り込みの排除に加わり、激しい闘争が続いた。私も時々取材に行った。現在は建設が終了。高江に住む伊佐真一さんは、「夜間のオスプレイ騒音がひどくなっている。辺野古に基地が建設されて、そこに駐留するオスプレイが訓練するようになると、騒音と墜落の危険が増える」と心配する。先日ゲート前に建っていたテントや資料は、夜間に米軍によって持ち去られてしまったとのことだった。

5月28日（火）辺野古―宜野座村松田　辺野古キャンプ・シュワブ前では今日も座り込み、排除が行われていた。座り込みによって止められたトラックが道路に並んでいる光景は、何度見ても異様だ。そこからは新基地を強行建設しようとする政府の国策と、建設中止まで反対を諦めないという市民の気持ちが感じられる。辺野古に座り込んだ人たちは、シュプレヒコールを繰り返していた。「ジュゴンを守れ」「建設はやめろ」「美ら海壊すな」「埋め立てやめろ」「防衛省は沖縄から出ていけ」「赤土を入れるな」「工事を止めるぞ」「皆で止めるぞ」「団結して止めるぞ」「必ず勝つぞ」――。

朝ホテルを出るとき、補聴器がないことに気がついた。私は右耳が突発性難聴のために全く聴こえない。左耳も聴力が弱くなっているので、補聴器を使っている。電話のときは外しているが、時々どこかに置き忘れる。昨夜は居酒屋に忘れ、店員が追いかけて持ってきてくれた。今回は部屋を探したが見つからない。フロントに、見つかったら連絡してと頼んでおいた。辺野古から宜野座村《ぎのざそん》に向かう途中、ホテルのロビーで見つかったと電話があった。昨日、大城弘明さんと話しているときに友人から電話があり、外してそのまま忘れてしまったのだ。宜野座村の宿に着いたらバスで受け取りにいこうと思いながら歩いていると、姿を見かけたと、沖縄上陸を記事にしてくれた琉球新報北部支社の島袋貞治さんが声をかけてきた。名護に戻るというのでホテルまで車に乗せてもらい、補聴器を受け取り、また元の地点まで送ってくれた。とても助かった思いだった。

畑の中にポツンと立つ小さなホテルの主人、新里進一さんと泡盛を飲んだ。新里さんは宜野湾市役所に勤務していたとのことで、宜野座村のことは詳しい。静かな夜に泡盛を飲んでいると、沖縄はいいなと思う。

私とほぼ同じ年齢で、以前から親しくさせていただいている沖縄県教職員組合の元委員長、石川元平さんと新里さんは親戚と聞いたので、元平さんに電話すると、今「4《よ》・28《つや》会」の人たちと与論島に来ているという。「4・28会」はアジア、太平洋戦争後、日本が世界と結んだ平和条約発効の1952年4月28日を、沖縄が日本から切り離され、アメリカ施政下に入った屈辱の日としている元教員を中心とした会だ。辺戸岬に祖国復帰闘争を記念した碑があるが、与論島に海上交流の碑を建てようと視察に来たという。年齢を重ねても元気な人たちと思った。

小学校への米軍機墜落事故の記憶

5月29日（水）宜野座村―金武町　米海兵隊のキャンプ・ハンセンは、金武町《きんちょう》から宜野座村にも広がっており、オスプレイが空中ホバーリングをして兵士を下ろす訓練をしているという。金網の向こうにヘリパッドがあった。道路から基地入口が見えたが、キャンプ・ハンセンから水陸両用戦車が出てきて、潟原《かたばる》の干潟で訓練をすることがわかった。潟原での訓練を以前に撮影したことがある。

宜野座村の泉忠信さん（88）を訪ねた。泉さんは2012年2月、普天間飛行場にオスプレイが配備された後、取材に行ったことがある。近くにヘリパッドがあるために、オスプレイの騒音がひどく、家の上を低空で飛ぶとのことだった。泉さんはオスプレイの飛んできた時間や音量をノートに記録している。夜遅く飛ぶときもあり、オスプレイ基地をアメリカに持っていけば、アメリカ人も騒音のひどさに気がつくだろうという。オスプレイが飛ぶようになって、宜野座村では「牛の早産、死産が増え、鶏の産卵数は減少した。オスプレイが発する低周波音が原因ではないかと考えられている」、「ペースメーカーを入れている人は音がしなくても低周波音を胸に感じ、オスプレイが来るのがわかる」という。

5月30日（木）金武町―沖縄市　うるま市で630会・久高政治会長他の人たちにお会いした。1959年6月30日、石川市（現うるま市）の宮森小学校に米軍のジェット戦闘機が墜落、炎上して、児童11人と民家の住民6人が亡くなった。やけどの後遺症で事故の17年後にさらに1人が亡くなっており、死亡の合計は18人となった。児童156人、市民54人が重軽傷を負った。630会は生存者で事件を次の世代に伝えていこうとする人々の会である。

うるま市でコーヒー店を営む未来《みき》のぞみ（本名・高木京子）さんの家でお会いした。未来さんは20年程前、石川ベトナムツアーに参加してくれた。未来さんの弟、佐次田満《さしだみつる》さん（71）から事件当時のお話を伺った。

満さんは5年生だった。学校では脱脂ミルクの給食の時間になっていた。満さんのクラスはテストの続きをしていた。突然、すごい破裂音がして教室が揺れ、生徒たちは悲鳴をあげパニック状態になった。戦争が起こったのか、爆弾が落ちたのか、飛行機が墜落したのか。いったい何が起こったのかわからなかった。裸足《はだし》のまま外に飛び出すと、学校中の子どもたちが泣き叫び、逃げまどっていた。空には火柱があがり、黒い煙に包まれていた。血だらけになった6年生が泣きながら下りてきた。大人2人が運んできた、長椅子に横たわった男の子からは、まだ煙が出ていた。家の方向は火の海だったが、あとで家族は全員無事とわかった。事件後も児童たちの後遺症は深刻だった。授業中に窓の外を見て誰かが発した「飛行機だ」の言葉で、女子児童が悲鳴をあげ、学校中が大騒ぎとなったこともあるという。バケツを落とした音にも児童たちは怯《おび》え、騒ぎが大きくなったとのこと。

満さんは事件を思い出すのもつらく、話をすることも嫌だったが、1995年、米兵による少女暴行事件以降、墜落事件の悲劇を次の世代に伝えていかなくてはならないと思った。満さんの体験を紙芝居にして、奥さんの定

うるま市で会った630会やほかの人たち。前列右から、大城保和、石川静子、佐次田満、久高政治、佐次田定子。後列、未来のぞみ、藤木明雄、亀島重男、稲福晃

子さんが宮森小学校他の平和学習で児童たちに語り継いでいる。

６３０会の人たちと会っているとき、石川静子さん（86）が来て下さった。静子さんと夫の力さんとは、サイパン・テニアンでの南洋群島慰霊でお会いし、力さんの運転で現地を回った。静子さんはサイパンでの強制集団死（集団自決）で弟と妹を失い、父親は日本兵に射殺された。力さんもテニアンで兄、肉親を亡くした。静子さんと旧石川市役所、旧米軍の石川ビーチまで歩いた。静子さんは沖縄に戻ってから民生委員、市の相談員などを務めた。力さんは石川高校校長、石川市教育長を務めたが、５年前に亡くなった。静子さんはサイパンで生き残り、４人の子、10人の孫、２人のひ孫に命を継いだ。サイパン・テニアンを回ってから８年になる。徒歩の旅で会えて本当によかった。

5月31日（金）沖縄市池原―沖縄市胡屋《ごや》　日

常的に沖縄の空を飛んで騒音を出している軍用機を撮影しようと、2台のカメラを首から下げた。大型ヘリコプター、戦闘機、輸送機などを撮影した。

元沖縄市の職員、屋宜栄信《やぎえいしん》さんと合流した。屋宜さんとは30年程前、沖縄市での写真展でお世話になり、その後も時々お会いしている。

「沖縄市民小劇場あしびなー」の前を通った。ここで灰谷健次郎さんと対談したことを思い出した。灰谷さんとアジア各地を旅したが、亡くなってから12年以上となる。前回の徒歩の旅のときは、那覇のゴール地点で迎えてくれた。

嘉手納《かでな》飛行場第2ゲートを撮影してから、ゲート通りにある「沖縄市戦後文化資料展示館ヒストリート」を訪ねた。沖縄市役所が運営し、市の職員が管理して企画展示をしている。2階では「石川文洋がみた沖縄」と題して、5月28日から8月10日まで写真展が催されている。１９７２年復帰前後、ベトナム戦争と沖縄、米軍基地、現在の沖縄、琉球舞踊など、１２０点が展示されている。1階では沖縄市がコザ市と呼ばれていた頃からの写真、敗戦直後の生活用品などがきめ細かく展示され、沖縄市だけでなく沖縄全体の戦後史がわかるようになっている。修学旅行、観光客など他県からの人たちだけでなく、沖縄の人にも見てもらいたいと思った。

第2ゲートから続くゲート通りを歩いた。ベトナム戦争中は、ベトナムへ行く兵士、休暇で一週間戻ってきた兵士、1年間のベトナム勤務を終えた兵士で大いに賑わっていた。西側に並んだバー、クラブは夜遅くまでネオンが消えず、不夜城のようだった。今では全く静かになり、バー、クラブは洋服店、土産店などに変わっている。それでも店の看板の横文字は、今回の旅で私が見てきた本土の三沢基地、岩国の米軍基地とは格段に規模が違う多さだ。ベトナム戦争中のゲート通りの賑わいは、私の写真にも記録されている。

夜は「4・28会」の有銘《ありめ》政夫さん（88）、何度か私の写真展を企画した元沖縄市平和振興課長の今郁義さん、沖縄市職員の人たちが集まって、徒歩の旅、沖縄到着を祝ってくれた。

基地返還で経済は向上

6月1日（土）沖縄市―北谷町　朝、もう一度ゲート通りを歩き、「ヒストリート」に寄ってから嘉手納飛行場のフェンスに沿って先へ進んだ。外人住宅と呼ばれた基地内の兵士の宿舎が並んでいた。復帰前、広い庭に囲まれた家に住む米兵と、基地外にひしめく粗末な家に住む沖縄人との間に、大きな差別を感じた。今では沖縄人の家も大きくなったが、狭い沖縄の中央に広々とした土地を有している嘉手納基地の存在には、アメリカの占領意識と、それを当然と考えている日本政府の姿勢を感じ反発を覚える。

一緒にベトナムへ行った内間良子さん、カメラマン仲間の小橋川共男さん、嘉手納在住の小林一行さん夫妻、元NHKディレクターの大濱聡さんが合流して、道の駅まで一緒に歩いた。道の駅からは1人になった。嘉手納飛行場には自動車やバスで何度も来たが、沖縄市から歩きながら見るのは初めてだった。ずいぶん広いとあらためて感じた。私は嘉手納基地が返還され、そこに民間空港、ホテル、公園、レストランなどが建設されれば、地主に入っている基地使用料を遥かに超える経済効果があると思っている。そのことは米兵住宅地返還となった那覇の新都心おもろまち、使用していないハンビー基地が返還され、隣の美浜地区と合わせ、レストラン、ホテルなどが建設された「アメリカンビレッジ」が証明している。沖縄経済の発展を阻害しているのは米軍基地と思っている。

歩いていると、30代の男性から冷たい水をいただき、「徒歩の旅の連載を読んでいます。頑張ってください」と声をかけられた。少し進むと、2人の老婦人の1人が「元気を貰っています。ありがとう」と私の腕を摑《つか》んで涙ぐんだ。沖縄では地元の2紙で連載し、テレビも本部到着、辺野古取材などを報道している。そのおかげで私も皆さんから元気を貰っていると、報道の力に感謝した。

6月3日（月）北谷町─宜野湾市　ハンビータウンというショッピングセンターに入った。1階フロアは広く明るく、雑貨屋、時計屋、服飾店、生花店、薬局などが入っている。2階には子ども服が並び、靴やバッグなどの店があった。近くに公園やビーチもある。復帰前、当時1号道路と呼ばれていた58号道路を往復しながら、ハンビー基地を見た。通常使用されていない予備滑走路が見えたが、返還された今は商店、人家が並び、「基地の街」から沖縄人の街となったことを実感した。

2015年に県が調べたところでは、ハンビー基地、メイモス射撃場返還前の北谷町《ちゃたん》の基地による収入は、土地使用料3億円、従業員ゼロ。返還後はサービス業、製造業など336億円と、108倍に増えている。従業員3368人。同じように那覇から近い新都心おもろまちも、以前は米兵住宅が並び、基地収入は52億円、従業員168人だったものが、返還後の各種売り上げが1634億円、従業員1万5560人と増えている。沖縄は基地収入で潤っているという本土の人がいるが、その認識は間違っている。沖縄県全体でも復帰直後は基地からの関連収入は15・5パーセントだったが、2015年の時点では5・3パーセントとなっている。那覇軍港も現在は従業員228人、収入30億円だが、返還された場合は1万687人、1076億円へと経済発展が実現できると県では試算している。沖縄の所得は全国最低だが、嘉手納飛行場、普天間飛行場が返還になれば沖縄の経済は向上すると確信している。

ハンビータウンから58号道路の向こうにキャンプ・フォスターが広がっている。たくさんの米軍トラックが並び、兵士たちの姿も見られた。ここも返還になるといいなと思った。

普天間第二小学校は普天間飛行場に接している。騒音がひどく、常に米軍機墜落の不安を抱えている。201

基地内の米兵たち。アメリカ人は陽気で好きだが若い兵士の犯罪は多い

米軍普天間基地のフェンス横を下校する小学生たち。2018年は沖縄以外の基地から来た軍用機の訓練が1756回もあったとのこと。2019年６月３日

7年12月、大型ヘリコプターから8キロの窓枠が運動場に落下し、児童1人が軽傷を負った。それ以降、米軍機が飛行してくると、野外授業を中断して校内に避難し、昨年12月までの1年間で693回避難したと地元紙は報じた。普天間第二小学校横を歩いているとき、基地のフェンス横を下校する児童たちを見た。1人の児童は、時々オスプレイが飛んでくると言った。児童たちにとっては見慣れたフェンスかもしれないが、私には異様な光景に見えた。基地は戦争に備えて存在する。学校と隣接していては危険である。基地のない平和な沖縄を心から望む。

6月4日（火）宜野湾市—那覇市首里　沖縄大学の屋上から、普天間飛行場を見た。遠くにオスプレイが並び、近くにも1機あった。

2004年8月13日、沖縄国際大学キャンパスに、海兵隊のCH53Dヘリコプターが墜落し、乗務員3人が負傷した。夏休みで休校中だったので、学生に犠牲者はなく、大惨事にはならなかった。事故直後、海兵隊は地位協定を楯《たて》に現場に集まった学校関係者を排除、現場を封鎖し、事故機体を撤去するまで大学学長、伊波洋一宜野《ぎの》湾《わん》市長、県警、報道メディアを現場に近寄らせなかった。基地内でなく、宜野湾市内の大学である。沖縄占領意識が米軍にあることをあらためて感じた。さらに怒りを感じたのは、日本政府がこの事件に関して強く抗議しなかったことだった。米軍基地を離発着する軍用機の騒音に関しても、米軍に対して規制はできないという日本政府の弱腰が表れていた。同時に沖縄で起こった事故だからという差別も感じた。その差別は沖縄の民意を無視して辺野古基地建設を強いていることにも通じている。

普天間飛行場を眺めながら、元琉球新報記者、現沖縄国際大学教授の前泊《まえどまり》博盛さんにお話を伺った。政府は、普天間飛行場は周囲に民家が密集して危険なので辺野古に移転すると言っているが、飛行機の事故は基地内より飛び立った先で起こることが多い。復帰時の1972年から2017年まで、普天間飛行場所属機17件に対し、嘉手納飛行場は508件と圧倒的に多いが、政府は嘉手納には触れないとのこと。危険を防ぐためには飛び立つ場所をなくす。納得のいく説明だった。

佐真下公園近くの普天間飛行場フェンスからはオスプレイが近くから撮影できたが、撮影禁止の札が立ち、柵で塞がれていた。この措置は米軍の要望ではなく、防衛施設局による自主的なものと推測した。屋上からオスプレイが撮影できた民家にも、施設局の人が撮影させないようにと言ってきたとのこと。米軍を守ろうとする日本政府の姿が窺《うかが》える。

嘉数《かかず》の丘からは普天間飛行場が一望できる。遠くにオスプレイが並んでいる。1機が飛び立ち、頭上を越えていった。2012年9月、沖縄で催されたオスプレイ配備反対の集会を私も撮影した。会場に集まった10万人の声を無視し、翌10月に12機が配備された。今は24機に増えている。

3年前、ベトナムツアーに参加した平良長政さんが同行した。平良さんはオール沖縄から推薦され、2008年に那覇市長選に立候補して翁長雄志《おながたけし》氏に敗れている。

途中、激しい雨となり、避難したコンビニに下校中の小学生が次々と飛び込んできた。「少し待っていたら雨は弱くなるよ」と児童たちは言った。

6月5日（水）首里―島尻郡八重瀬町　15年ぶりに初めて沖縄へ帰った1957年、首里儀保町《しゅりぎぼ》の母の実家に泊まった。古都首里は沖縄戦で徹底的に破壊され、その頃、小さな粗末な家が並んでいた。今では立派な道路となり、大きな家が建っている。モノレールの儀保駅もできている。私の本籍である父の実家は首里鳥堀町《とりほり》にあったが、今は自動車の駐車場になっている。元実家の前は泡盛「咲元」を醸造する咲元酒造。同行した山城博明カメラマンがうまい泡盛だと言っていた。以前に咲元酒造を訪れたとき、泡盛酒造組合の会長をしていた佐久本政敦さんは、「君は子どものとき、ハナダヤー（鼻たれ小僧）、ミンタマー（目が大きい）、ウーマク（きかん坊）だったよ」と冗談を言った。その沖縄語に愛情がこもっていて嬉しかった。佐久本さんはすでに亡くなっている。

沖縄を歩いて感じるのは、大小の坂道が大いことである。凹凸の多い珊瑚礁の島だからだと思う。子どもの頃、首里の坂を父と共にバスで通ったとき、崖下にバスが落ちていた様子が瞼《まぶた》に焼きついている。今では坂の周囲にも大きな家や店が建ち並んでいる。

6月6日（木）八重瀬町―糸満市役所　晴れていると太陽の光が強い。でも昨年の広い北海道の夏とは違って、飲料水の自動販売機が各所にあるので助かる。

タバコ畑があった。1972年、復帰の日、タバコ農民を取材した。復帰するとタバコは専売制なので、沖縄のタバコはどうなるのか。沖縄には「うるま」「ハイトーン」「ヴァイオレット」が独自で販売されていた。私はタバコは吸わないが、兄は「ハイトーン」を好んでいた。タバコ農民は、本土政府が考えることで自分にはわからないと不安な表情だった。

沖縄産タバコは安く愛好者もいたので、本土専売品扱いで残されたが、本土タバコの浸透で「ハイトーン」「ヴァイオレット」がなくなり、残るは「うるま」だけとなった。歩いていてタバコ畑も少なくなったと思った。

「平和の礎《いしじ》」には沖縄戦、南洋群島などで命を失った沖縄人、韓国・朝鮮人、アメリカ兵ほかの名が刻まれている。ワシントンにベトナムで戦死したアメリカ兵の名を刻んだ壁があり、土池敏夫ほか、私の知っている兵士の名もあった。ハワイでもベトナム戦で死んだ兵士の名が刻まれていたが、一目で沖縄人とわかる名がたくさんあった。

「平和の礎」には慰霊の日になると大勢の人が訪れ、親族の名の前に花や果物、泡盛などを供えて拝んでいる姿がある。私の祖父、安里昌俊の名も刻まれている。母方は男の子がいなかったので、次男の私が母の家を継ぐことになっていて、中学卒業まで安里姓だった。小学校、中学校の同級生からは今でも安里君と呼ばれている。兄が病気になったので、私は石川に戻り、位牌《いはい》を継いでいる。

本土からの修学旅行や地元中学校の生徒が学習に訪れていた。主和津《シュワルツ》ジミーに会った。ジミーは伊江島で生まれた。本名は幸地達夫。父親は戦後、不発弾処理で亡くなり、その後、アメリカ人の養子となり、アメリカ国籍を取得した。ベトナム戦争中、アメリカ兵としてカンボジア国境で作戦する第25歩兵師団の広報にいるときに出会った。第25師団には沖縄生まれの土池利夫上等兵もいた。ベトナムでは、元日本兵でベトナムに残留して家族を構えた當間元俊さんほか6人で県人会をつくり、ジミーもその1人だった。

軍曹となってベトナム勤務が終わり、後に軍属となったジミーが嘉手納飛行場内で緑化の仕事をしているときなどに何回か会っていた。「平和の礎」で久しぶりに会って嬉しかった。

「平和の礎」から糸満市街へ向かっていると、自動車に乗った人たちから歓声があがった。東京からゴールを一緒に歩こうと来た人たちだった。まさかここで会うとは思っていなかったので、とても嬉しかった。

南城市の農場で働いているという、2人の女性を含めた5人のベトナム人と会った。ゴーヤー、スイカなど各種野菜の苗をつくっているという。1人は27歳だが、ほかは21歳から24歳と若い。切ったカボチャの台木に、ゴーヤーを接《つ》ぎ木していた。苗床に植えておくと1週間で根が広がっていく。台木は全てカボチャ。冬瓜、トマト、キュウリ、ナスも接ぎ木して、根が張ると出荷する。

5人から話を聞いた。沖縄のよい点は、気候、風土、食べ物、文化がベトナムと似ていて、人々が親切、働いている場所が静かでよいと言っていた。ベトナム戦争については学校の歴史の授業で習ったが、あまり詳しくは知らないようで、アメリカに反感は持っていない。しかし沖縄の米軍基地は広いから、沖縄の人は事故の危険を

ひめゆり学徒看護隊の多くが犠牲となった第３外科壕近く、敗戦直後につくられた碑（糸満市）。戦争で人生を奪われたひめゆり隊123人の名を刻んだ新しい碑もある

感じていないかと思うときもあるとのこと。まず沖縄でいろいろなことを覚え、将来に備えるとのことだった。

6月7日（金）糸満市―豊見城市瀬長島　糸満市の市場。前回の旅では小さな店が並んでいて、雑然とした古い市場のような親しみを感じさせた。今は広い建物となり、野菜の種類も多く、整然としていた。魚市場も清潔で、魚がきれいに氷の上に並んでいた。衛生上はよくなったと思うが、なんとなくよそゆきの顔をしているようだった。

那覇から近い小さな瀬長島は、戦前は半農半漁45世帯が住んでいたとのこと。戦後、米軍の基地となり、住民は本島へ移動させられた。米軍は弾薬庫などに使ったが、１９７２年に返還された。現在は温泉ホテル、レストラン、土産店などがあり、大勢の観光客が訪れている。

那覇空港の滑走路が見え、離発着する飛行機が頭上を低空で飛んでいく。アダンの実を取り入れて、飛び立つ旅客機を撮影した。那覇空港を間近に見て、昨年7月9日に宗谷岬をスタートして以来、いよいよ旅も残すところ1日となったと感慨深かった。

6月8日（土）豊見城市―那覇市　8時30分に瀬長島スタート、14時に「パレットくもじ」前ゴールの予定だった。少し早く行くと、もう本土組の人が3人来ていた。２０１6年から3年続けて石川ツアーに参加し、ベトナム・カンボジアへ行っている人たちと、沖縄の友人20人がゴール地点まで一緒に歩く予定だった。

瀬長島のホテル前駐車場に全員が揃った。那覇空港の滑走路や飛び立つ旅客機を撮影した。自衛隊機も並んでいる。空港から反対側の土産店、喫茶店などが並ぶ「瀬長島ウミカジテラス」の方から見て回った。朝だったので店は閉まっていたが、基地の島が観光地に変わったことは皆さん理解できたと思う。

瀬長島と本島は道路で結ばれている。那覇に近いが、海水の中でマングローブが茂っていた。那覇空港は自衛隊も使っている。国道に沿って長いフェンスが続いていた。内側は、自衛隊基地である。沖縄には米軍と自衛隊から民間人を隔離するフェンスがある。

いつもモノレールの窓から見える奥武山《おうのやま》公園など見慣れた風景を見ながら歩く。今日は違った光景に見える。北海道、東北、東海道、山陽道、九州路を思い出すからだ。ふる里の風景が身近に感じられる。いつもは1人で黙々と歩いているが、今日は仲間たちと話しながらゴールへ向かった。那覇大橋の近くの食堂で昼食にした。私は沖縄そば。仲間は私を待つために先にゴールへ行った。

ゴールまで時間は十分にあるので、ゆっくり歩いた。14時の到着時間に合わせ、久茂地《くもじ》交差点を曲がると、「パレットくもじ」に友人やメディアの人の姿が見えた。「歩き旅ゴールおめでとう」の横幕もある。1年近くかけた徒歩の旅も、あと数十メートルだと胸が熱くなった。

80歳から81歳になっていた。やり遂げたという達成感もあった。何よりも懐かしい人々の顔を見られて嬉しかった。皆、ゴールを心から喜んでくれている表情だった。長い間、旅をささえてくれた妻の姿もあった。北海道、福島でサポートしてくれた人たちもいた。

旅の成功は皆様のおかげと思い、心の中で深く感謝した。

沖縄を振り返って

北海道から歩いてきて、沖縄で感じたことは、気候、文化の違いと広大な基地の存在だった。私はベトナムに4年間住んでいたが、気候は沖縄とよく似ていると思っていた。ベトナムも暑いが、北部では冬は温度が10度以下になる場所もある。激しい雨も少し待っていれば勢いは弱くなり、沖縄の雨の降り方と似ている。サイゴン（現ホーチミン市）では雨期でも傘を持っている人を見たことはなかった。ベトナムの市場に置かれているマンゴー、パイナップル、ドラゴンフルーツなどの果物、ゴーヤー、空芯菜、ヘチマは沖縄にもある。サイゴンの私の下宿にはブーゲンビリアがあったが、ハイビスカス、ホウオウボク、ほかの花々も共通している。

今回の旅では青森の三沢と岩国の米軍基地を見てきたが、国土面積が0・6パーセントしかない小さな島に広がる在日米軍専用施設の70・6パーセントを占める巨大な米軍基地は、いつ見ても異様だ。青森の米軍基地は9パーセント、山口は3・3パーセントである。沖縄の人々は少しでも基地を減らしたいと考えているのに、普天間飛行場をなくすから辺野古に新しい基地をつくるというのは許せないと考えるのは当然である。２０１9年2月の県民投票では、72・２パーセントの人が辺野古建設に反対している。休日、祝祭日には工事をしないので、その日以外、キャンプ・シュワブゲート前では座り込み、海上からはカヌーと船で抗議活動が続けられている。こうした沖縄県民の気持ちは、海を隔てて遠くに住む本土の人々には伝わっていない。本土の自分の生活には関係ない、軍事力を強化している中国・北朝鮮に対する抑止力として、沖縄の米軍基地は必要と考えている人が大勢いることは事実だ。

南部地区を歩いていると、時々轟音《ごうおん》が鳴り響いた。戦闘機の訓練と思われたが、曇っていて機体は見えなかった。こうした騒音は本土の基地のないところに住む人には、わからない。嘉手納、普天間の両飛行場周辺に住む人々は、騒音の差し止めとそれによる健康被害、生活環境破壊の損害賠償を求めて国に提訴した。

嘉手納は1982年から、普天間は2002年から何度も訴訟を起こし、その都度、那覇地方裁判所、福岡高等裁判所は共に賠償を認めたが、午後7時から午前7時までの飛行差し止めは、国には米軍機の飛行差し止めを要求することはできないと棄却している。裁判は現在も続いているが、このことに対し、ドイツ、イタリア、イギリスは国内法に基づいているのに、日本の裁判所は弱腰という不満が地元には強い。

2016年、嘉手納砂辺地区では、1日62回の騒音発生があり、健康、生活環境に影響のない平均騒音が62デシベルであるところ、最大で117デシベルもあったとのこと。

米兵、軍属などによる犯罪は、復帰した1972年から2016年までに5919件も起こり、その中に殺人、強盗、強姦《ごうかん》などの凶悪犯罪が576件含まれている。これも基地があるからだ。沖縄本島の15パーセントは基地になっていて、飛行場のある嘉手納町では82パーセントを占めている。兵士も在日米兵の70パーセント、約2万6000人が駐留しているが、当然、兵士がいれば犯罪も起こる。

沖縄の基地問題は、歩き旅でも長野の自宅にいるときも、いつも私の頭の中にあるが、もうひとつ気になるのは、沖縄の平均寿命である。以前は男女とも長寿県と言われていたが、2017年12月の発表では女性が7位、男性が36位。居酒屋で仲間たちと泡盛を飲み、ゴーヤーチャンプルーを食べていると実に楽しい。でも時々、沖縄の平均寿命のことが心配になる。平均寿命が下がってきたときには沖縄県も焦り、当時男女とも1位だった長野県へ行って調査したとのこと。

原因として、復帰後、泡盛と沖縄料理の味が向上したからと思っている。沖縄人は世界一お酒が好きと、これも勝手に私は思い込んでいる。復帰前は料理も食べる居酒屋はなく、バーばかりだった。那覇市の桜坂にはバーが並び、人がひしめいていた。アメリカ施政下で、税の安い洋酒を飲んでいた。ツマミも塩豆とスルメなどで、あまり食べなかった。泡盛を飲む人は愛好家か、お金の不足している人だった。泡盛専門の店は桜坂では「おもろ」という店ぐらいしかなかったと記憶している。沖縄祖国復帰協議会の福地曠昭さん、仲宗根悟さんに店で会ったことがある。

復帰して洋酒が高くなると、サントリー・ニッカ戦争と言われたほどの日本製ウィスキー売り込み合戦が始まった。しかし日本のウィスキー時代を迎える前に泡盛時代になり、同時に沖縄料理の店も増えた。この現象は焼酎が売れるようになった本土も同じである。泡盛は口当たりがよくなり、沖縄料理も各店が味を競った。「飲んで食べる」がメタボの原因ともなり、沖縄の平均寿命を短くしていると私は思っている。

もうひとつ、飲む場所と住居とが遠くないので、バスがなくなってもタクシーで帰ることができる。以前、銀座から比較的近いところに住んでいたことがあったが、終電車がなくなりタクシーで帰ると飲み代を上回った。それに沖縄のタクシーは安い。これが持論である。

沖縄には長寿県を取り戻してもらいたいと思っている。歩くことは健康にいい。沖縄の仲間たちに朝の涼しいときに歩くことを勧めたい。

石川　文洋（いしかわ　ぶんよう）
1938年沖縄県那覇市首里に生まれる。
現在は長野県諏訪市在住。
1964年毎日映画社を経て、香港のファーカス・スタジオに勤務。
1965年1月～1968年12月フリーカメラマンとして南ベトナムの
首都サイゴン（現ホーチミン市）に滞在。
1969年～1984年朝日新聞社カメラマン。
1984年～フリーカメラマン。
『写真記録ベトナム戦争』〔(株）金曜日〕
『戦場カメラマン』『報道カメラマン』〔朝日新聞社〕
『戦争はなぜ起こるのか　石川文洋のアフガニスタン』〔冬青社〕
『アジアを歩く』〔椎出版社、灰谷健次郎氏との共著〕
『石川文洋のカメラマン人生　貧乏と夢・旅と酒』〔椎出版社〕
『沖縄の70年』〔岩波書店〕
『カラー版　ベトナム　戦争と平和』〔岩波書店〕
『日本縦断　徒歩の旅――65歳の挑戦』〔岩波書店〕
『カラー版　四国八十八ヵ所――わたしの遍路旅』〔岩波書店〕
『サイゴンのコニャックソーダ』〔七つ森書館〕
『私が見た戦争』〔新日本出版社〕
『まだまだカメラマン人生』〔新日本出版社〕
『命どぅ宝・戦争と人生を語る』〔新日本出版社〕
『小さくても輝く街の業者たち』〔新日本出版社〕
『ベトナム戦争と私』〔朝日新聞出版〕
『ベトナム戦争と沖縄』〔榕樹書林〕など

80歳《さい》、歩《ある》いて日本縦断《にほんじゅうだん》

2021年2月25日　初　版

著　者　石　川　文　洋
発行者　田　所　　稔

郵便番号　151-0051　東京都渋谷区千駄ヶ谷4-25-6
発行所　株式会社　新日本出版社
電話　03（3423）8402（営業）
03（3423）9323（編集）
info@shinnihon-net.co.jp
www.shinnihon-net.co.jp
振替番号　00130-0-13681
印刷・製本　光陽メディア

落丁・乱丁がありましたらおとりかえいたします。

ISBN978-4-406-06555-9 C0095　Printed in Japan